在故宫

防患于未『燃』

故宫历史上的火灾与消防

周乾　著

译林出版社

图书在版编目（CIP）数据

防患于未“燃”：故宫历史上的火灾与消防 / 周乾著. -- 南京：译林出版社, 2025. 7. -- (在故宫).
ISBN 978-7-5753-0313-2

Ⅰ. K928.74; TU998.192

中国国家版本馆 CIP 数据核字第 20246AM085 号

防患于未“燃”：故宫历史上的火灾与消防　周乾 / 著

项目统筹　荆文翰
责任编辑　於　梅　田　智
装帧设计　廖文韬
校　　对　戴小娥
责任印制　董　虎

出版发行　译林出版社
地　　址　南京市湖南路 1 号 A 楼
邮　　箱　yilin@yilin.com
网　　址　www.yilin.com
市场热线　025-86633278
排　　版　南京新华丰制版有限公司
印　　刷　苏州市越洋印刷有限公司
开　　本　890 毫米 ×1240 毫米　1/32
印　　张　8.875
版　　次　2025 年 7 月第 1 版
印　　次　2025 年 7 月第 1 次印刷
书　　号　ISBN 978-7-5753-0313-2
定　　价　79.00 元

总 序

故宫，曾经的“紫禁城”，明清两代的皇宫，建成于1420年，至今已有六百余年的历史。

作为世界文化遗产，故宫拥有世界上现存规模最大、保存最完整的古代宫殿建筑群，其独特的建筑遗存，是中国古代宫城发展史上现存的唯一实例和最高典范。故宫还拥有数量庞大的皇家旧藏，其时代涵盖新石器时代至近现代各个历史时期，这些藏品既反映中国明清时期的宫廷文化和典章制度，又展现中国古代艺术发展的历史脉络，见证了中华文明的源远流长。

基于优越的资源禀赋，为了保护文物免遭破坏，故宫博物院于1925年正式成立，被时人赞誉为“辛亥革命未竟之事业”。

生于变革时代，故宫博物院始终与国家命运、民族存亡休戚与共。它经历了北洋军阀临时政府执政下的四次改组，到国民政府北伐成功后有短暂发展，其间文物清点、古建修缮、展览陈列、库房修建、对外交流、出版传播等事业均渐次起步。“九·一八事变”爆发后，为保文物安全，故宫先辈们在1933年到1946年间，护送一万多箱国宝先后南迁华东、避地西南，行程数万公里。在极端艰苦的条件下，还开展多次国内外文物展览，谱写出一曲文化抗战的壮歌。

随着中华人民共和国的成立，故宫博物院揭开了新的历史篇章，各项工作陆续恢复并取得显著成绩。故宫博物院作为同时具备建筑、艺术、历史等特色的大型综合性博物馆，在国际公认的“原址保护”与“原状陈列”基本原则指导下，向公众展现悠久灿烂的中华文明。

新时代的故宫博物院进一步明确了办院指导思想，即“以习近平新时代中国特色社会主义思想为指导，深入落实保护第一、加强管理、挖掘价值、有效利用、让文物活起来的新时代文物工作要求，真实完整地保护并负责任地传承弘扬故宫承载的中华优秀传统文化，以平安故宫、学术故宫、数字故宫、活力故宫建设为支撑，将故宫博物院建成国际一流博物馆，世界文化遗产保护的典范，文化和旅游融合的引领者，文明交流互鉴的中华文化会客厅”。明确的历史使命、实现路径和愿景目标，进一步指引故宫博物院各项工作的可持续和高质量发展。

在故宫博物院的百年历程中，大批具有家国情怀、奉献精神、使命担当的专家学者汇聚于此，形成了故宫特有的典守精神和严谨的治学传统，也形成了故宫人积淀深厚的精神内核。

故宫人，是一支拥有矢志不渝家国情怀的践行者，是一众具有吃苦耐劳奉献精神的耕耘者，是一群坚持不懈接续奋斗的文化传承者。先行的故宫人筚路蓝缕、踽踽前行，在艰苦条件下赓续文脉；后继的故宫人满腔热忱、脚踏实地，面对新时代的机遇与挑战守正创新。一代又一代的故宫人执着守望、辛勤奉献，维护了故宫及其馆藏文物的真实性与完整性，推动了故宫博物院各项事业的持续发展，并深刻影响了近现代中国博物馆的发展历程。

当下，故宫博物院新成立的故宫学研究院与译林出版社合作推出的这套“在故宫”丛书，通过“故宫人讲故宫”，介绍故宫人的学术研究和工作日常，既体现故宫研究的重要成果和最新进展，也积极回应公众的好奇与关切，以亲历者极具现场感的讲述，传递故宫人的精神，也传播故宫承载的中华优秀传统文化。

在故宫，感受故宫人的坚守与执着。

在故宫，守护好故宫这份人类共同的文化遗产。

故宫博物院院长 王旭东

目 录

引 言

我国的古建筑以木材为核心材料，主要构件如柱、梁、斗拱、屋架等均为木制，构件之间多采用榫卯的方式结合，以此增强房屋整体的稳定性。然而,由于木材易燃,我国的古建筑在历史上多次遭受火灾。相应地，古人在长期与火灾作斗争的过程中，积累了较为丰富的防火经验。故宫为明清皇宫，其建筑特点及布局形式具有典型的古代宫殿特色，也体现出建筑防火的要求。

明朝以前的古代消防

“消防”为现代词语，其含义主要为灭火和防火。人类最早使用火的痕迹出现在北京市房山周口店遗址中的猿人洞，距今约五十万年。火被利用的同时，火灾隐患也相应出现。

我国较早的建筑火灾与防火措施，可追溯至距今七千八百至四千八百年前的甘肃秦安大地湾遗址。此处的建筑因火灾被毁，废墟历经沧桑变迁，被自然地埋藏于地下，得以完好地保存下来。在考古现场，专家发现当时的建筑采用了“双保险”的防火技术措施。第一道保险是由草泥皮和红烧土组成的防火保护层，贴在墙壁上，使墙壁呈半圆形。第二道保险是“胶结材料”，用于室内柱、灶台、内墙壁的外表，由当地礓石煅烧后制成，质地坚硬、平整，色泽光亮，呈青灰色，与现代水泥极其相似，具有抗压、防潮、保温、美观等性能。

古人祭祀的火神，首推阏伯。阏伯又名契，是商朝建立者商汤的先祖。阏伯专门管理火种。漫长的远古时期，草原上洪水泛滥、风沙蔽日。在这样艰苦的条件下，要把宝贵的火种保存下来颇为不易。而阏伯却能够克服种种困难，成功地将火种保存下来。阏伯死后，后人便称他为火神，筑阏伯台或火神台供奉阏伯的神像。阏伯死后被葬于生前存放火种的土丘，由于阏伯的封号为商，他的墓冢也被称为商丘，这便是今天商丘市名称的由来。

周朝出现了管理用火安全的官员，如司烜、司爟、宫正。根据《周礼》中的记载，司烜“中春，以木铎修火禁于国中”。中春即春季的第二个月，此时火星初现。司烜会在城中用木槌敲木铎，提醒人们注意防火。司爟负责城中或城郊的户外防火，对于诱发火灾者追究其责任并给予处罚。《周礼》载：“司爟掌行火之政令，四时变国火，以救时疾。”每年一到干燥的季节，司爟就敲打木铎传达禁令，禁止在户外生火。可户外劳作的老百姓必须吃饭，因此在禁火期开始之前，他们就得备好干粮。宫正为周朝管理宫中事务的最高长官，相当于大管家。古代以火烛照明，容易失火，特别是春秋季节，天干物燥，用火稍有不慎，极易引发火灾。根据《周礼》中的记载，宫正的职责包括“春秋以木铎修火禁”，即监督宫中的火禁，发出防火预警。

春秋时期，火正的职责是取火、用火、防火和救灾。史书《左传》

明确指出:“火正曰祝融。”祝融是我国上古神话中的火神，三皇五帝时的掌火之官，春秋时期逐步演化成司火的官职。据唐代房玄龄等人所撰的《晋书》记载:“帝高阳之子重黎,为夏官祝融。”夏官掌管军事，祝融是其下属的官职，并非专指某一个人。可以说，消防伴随着人类文明的进程一路发展。

西汉礼学家戴圣所撰的《礼记》中也有防火方面的记载。春秋时期点火把的人左手举着火把，右手抱着未点燃的木柴，因为干木柴很容易烧完，必须随时有备用木柴续火。不仅如此，还要准备一个大碗，随时接住还有火星的灰烬。举火把的人必须坐在房子的角落里，做到“不让，不辞，不歌”（不跟别人打招呼，不讲话，不唱歌），忠于职守，心无旁骛。这些规定的目的，都是为了防止火灾的发生。

在春秋时期的齐国，宰相管仲把消防视为关系国家贫富的五件大事之一，他提出了“修火宪”的主张。《管子·立政》中提出:“修火宪，敬山泽、林薮、积草。”其意是制定防火的律令法规，禁止在山泽林薮之处堆积枯草。《管子·立政》中还提出:“山泽不救于火，草木不植成，国之贫也……山泽救于火，草木植成，国之富也。”其意是如果山泽不能防止火灾，草木不能繁殖生长，国家就会贫穷，反之则国富。火宪，可以称得上是我国最早的消防法。

春秋时期的宋国发生了一场火灾，乐喜指挥救火的故事，成为我国关于火灾扑救较早的完整记载。《左传》载:“九年春，宋灾，乐喜为司城以为政，使伯氏司里。”这段文字讲述的是鲁襄公九年（前564年）春天，宋国都城遭遇了一场由天灾引发的大火。当时乐喜任司城（官职名），他任命伯氏管辖城中街巷。“火所未至，彻小屋，涂大屋”，意即在火势尚未蔓延到的地方，拆除小屋，用泥土涂抹大屋;“陈畚挶，具绠缶，备水器”，意即准备好运土的簸箕，配足汲水的绳索和瓦罐，备齐盛水的器具；“量轻重，蓄水潦，积土涂”，意即估计各项工作的轻重后合理安排人力，提前蓄满水塘，堆积用于阻火的泥土；“巡丈城，缮守备，表火道”，意即巡视城郭，修缮守卫工具，标明救火用的通道。不仅如此，乐喜还命令司徒华臣率领正徒、隧正召集郊保，赶赴火场救火。春秋时期尚无专业的救火队伍，扑救火灾的工作主要由正徒和郊保来完成。正徒是专门供官府劳役的徒役，按《周礼》由司徒主管；郊保是郊外守卫小城堡的徒卒，由隧正主管。

春秋末期，宋国人墨翟撰写了《墨子》一书。《墨子》的《号令》《备城门》等篇章中，较为详细地记载了当时的防火技术措施。

《号令》中提及的防火惩罚措施极为严苛：“诸灶必为屏，火突高出屋四尺。慎无敢失火，失火者斩其端，失火以为事者车裂。伍人不得，斩；得之，除。救火者无敢讙哗，及离守绝巷救火者斩。其正及父老有守此巷中部吏，皆得救之，部吏亟令人谒之大将，大将使信人将左右救之，部吏失不言者斩。诸女子有死罪及坐失火皆无有所失，逮其以火为乱事者如法。”这段话的大意是：所有的炉灶必须砌筑防火墙，烟囱要高出屋顶四尺。人们必须小心谨慎，避免失火，引发火情的人将被处以死刑，故意纵火通敌的人将被处以车裂之刑。同伍之人若抓不到纵火犯，同样难逃一死；若抓住纵火犯，则可免于惩罚。救火的人不得喧哗，喧哗的人及擅自离岗去其他街巷救火的人，也将被处以死刑。里正、父老以及这一辖区的部吏都必须参与救火，部吏要尽快派人报告大将，大将派亲信带人前去救火。部吏若隐瞒不报，同样会被处以死刑。女子若犯有死罪或负有失火责任，将全部逮捕，故意纵火作乱的人依法严惩。

《备城门》中记载了防火技术：“救车火，为烟矢射火城门上，凿扇上为栈，涂之，持水麻斗、革盆救之。门扇薄植，皆凿半尺，一寸一涿弋，弋长二寸，见一寸，相去七寸，厚涂之以备火。城门上所凿以救门火者，各一垂水，火三石以上，小大相杂。”这段话的大意为：为防止敌方以火攻城，当敌人用火矢射向城门时，守卫方需在门扇上凿洞安装小木条，并涂上厚厚的泥巴，以此抵御火矢的攻击；用早已备好的水麻斗、皮盆盛水救火。门扇和壁柱上皆凿半尺深的洞，每隔一寸插入一根小木条，木条长两寸，一寸露在外面，上下两排之间相距七寸，全部涂上厚泥，以防火势蔓延。城门上方凿开用于扑救门火的通道，各准备一瓮水，容量在三石以上，大小相杂，以备不时之需。

周威烈王十九年（前 407 年）颁布的《法经》，为我国历史上较早的、有篇目可考的成文法典。《法经》分为《盗法》《贼法》《囚法》《捕法》《杂法》《具法》六篇。在《盗法》（涉及公私财产受到侵犯的法律）和《杂法》（涵盖了针对狡诈、越城、赌博、贪污、淫乱等行为的法律）两篇中，有“故烧人房屋”“仓库内不得燃火”“见火起不告救”等十条关于消防的内容。

汉代负责火政的官员为执金吾。执金吾的前身是秦代的中尉，汉初正式更名为执金吾。汉代的执金吾也兼管消防工作，负责宫廷警卫和水火灾害的救援。金吾是两端鎏金的铜棒，象征着处理非常事件的权力。执金吾下设若干街亭，这些机构兼具现代消防队和派出所的功能。《东汉会要》载：“（执金吾）掌宫外戒司非常水火之事。月三绕行宫外，及主兵器。吾犹御也。”由此可见，执金吾除了负责京师的警卫治安工作外，还负责宫外的消防工作。他们每月绕行宫外巡视三次，不仅是为了禁备盗贼，而且是为了发现和消除火灾隐患。

东汉时期出现了专业的灭火队伍。这一时期的“东井灭火”井栏陶器，前壁两侧印有“戒火”“东井”篆书榜题，中间图案是一位健步疾走的男子。他右肩扛旗,旗上有“戒火”二字,旁立一长尾高足鸟（朱雀）。他左手执一物，有人认为是水罐，还有人认为是乐器——铎或铃，有发声警告的功能。据推断，这位肩扛“戒火”旗幡的男子，很可能就是当时的专职消防员。后壁刻有一牛在槽中饮水，并饰以火焰及鱼纹。东井是二十八星宿中的井宿，因在玉井之东，故称东井。井又是人间的水源之一，所以天上的东井就成为水的象征。用水来灭火，自然就称为“东井灭火”。“东井灭火”井栏陶器反映了秦汉时期对消防水源建设的重视，此时城市内已设置了专门用于灭火的水井。

“东井灭火”井栏陶器正立面局部

在南朝梁时期，出现了对火灾的明确定义。南朝梁人刘昭在《后汉书·五行志》中指出，废弃法律，放逐功臣，杀死太子，以妾为妻，就会出现“火不炎上”的现象。他引用了汉代经学大师郑玄对“火不炎上”的解释：火是热的、向上的，将火用于烹饪等是正常用火，但如果在不需要用火的时候，火却燔烧起来，危害人类，就形成了灾害，这便是“火不炎上”。随后，刘昭提出了“火失其性而为灾”的说法，这可以被视为我国历史上的第一个火灾定义。

唐朝的消防管理实行了划片管理的方法。据《新唐书》记载，在城门、每个坊的坊角，均设有武侯铺。武侯铺大小不一，大城门设置的武侯铺规模最大，有兵士约一百人，小城门有二十人，大坊有三十人，小坊有五人。武侯铺不仅承担治安巡逻任务，同时肩负消防巡逻职责。《唐律》规定：发生火灾时，“其守卫宫殿、仓库及掌囚者，皆不得离所守救火”。此外，《唐律》还规定：“若于官府廨院及仓库内失火者，徒二年；在宫内，加二等。”也就是说，在官府仓廪内引发失火的，需服两年劳役，在宫殿内引发失火的，需服三年劳役。此处的“加二等”是指在原有处罚的基础上增加一年的劳役。

隋唐五代时期，为了有效防止敌人以火攻城，军队中出现了专用的灭火器具。唐《通典》载：“敌若纵火焚楼堞，以粗竹长一丈，锼去节，以生薄皮合缝为袋，贮水三四石，将筒内于袋内，急缚如溅筒。令壮士三五人撮水口，急蹙之救火。”当敌人纵火焚烧城楼和城堞时，将长竹按节锯开，用动物的皮缝合成水袋，水袋里装满水，将锯好的竹筒捆绑至水袋口上，用力挤压水袋，使水通过竹筒喷射出来，以此来灭火。唐代一石约有五十九千克，也就是说当时的消防水袋至少能装水近一百八十千克，配合专用的喷水管，大大提高了灭火效率。

北宋时期，都城汴京（今河南开封）的大街小巷，每隔约三百六十米就设置一座军巡铺，内有五名铺兵，主要负责夜间巡逻；此外还在高处设有一座望火楼，楼上安排专人日夜瞭望，居高临下，时刻关注火情。望火楼下设有数间房屋，内屯上百名潜火兵。一旦发现火情，潜火兵立刻行动，奔赴现场扑救火灾，“不劳百姓”。望火楼下配备各种救火工具，如桶、洒子、麻搭（端部系有散麻的长木杆，蘸泥浆后可用于灭火）、斧、锯、梯、火叉、大索、铁猫儿（铁锚）、水囊、唧筒等。其中，唧筒是一种通过人力推拉水杆来射水灭火的工具，其灭火原理与当今的消防泵类似。望火楼上的守卫一旦发现火情，会立刻通知楼下的潜火兵汲水救火。

望火楼侧立面示意图

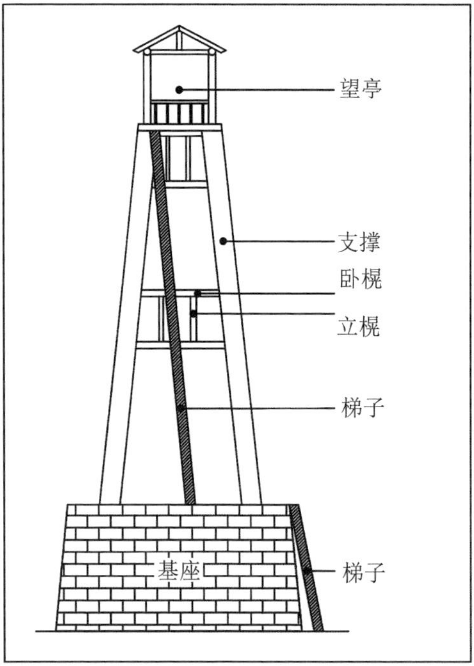

北宋崇宁二年（1103 年）颁布的《营造法式》，对望火楼的建造方法做出了详细规定。根据规定，望火楼的构造从下往上由基座、支撑和望亭组成。基座一般采用砖砌，呈锥台形，底部平面约为 6.4 米见方，顶部平面约为 5.8 米见方，高度约为 3.2 米。支撑部分由四根立柱组成，高约 9.6 米，同样呈锥台形，底部围成的平面约为 3.5 米见方，顶部围成的平面约为 1.6 米见方，顶面满铺木板，用作望亭的地面。为确保支撑的稳固性，立柱之间由卧榥、立榥拉接。所谓榥，即小木枋子。顶部的望亭由四根立柱、立柱之间的围栏和坡屋顶组成，高度约为三米。从地面到基座顶面、从基座顶面到望亭地面，都设有梯子，以便潜火兵上下。望火楼总高度可达 15.8 米，相当于五层楼高（一层楼约为三米高），是古代城市中的高层建筑。

望火楼下驻扎的潜火兵组成了古代国家建立的公益性救火队伍，也即我国古代最早的专职消防队。潜火即防火。潜火兵的待遇优于其他兵种，享有潜火食钱等专项职贴。潜火兵平时分区巡逻执勤，各负其责。当望火楼上的守卫发现火警时，潜火兵会迅速集结，带上防火器材，第一时间赶到火场，利用水源及时救火。潜火兵灭火时享有一些特权：在宋代，城门开关有严格的时间规定，但潜火兵救火时可以随时要求开城门；潜火兵在救火途中与官员相遇时，无论对方品级高低，均无须让路；参与当天救火的潜火官员，第二天可以不上朝。根据宋代的法律规定，潜火兵接到望火楼传来的警讯时，必须竭力灭火，扑灭火者将受到犒赏，不尽责者则会依照军法治罪。

南宋都城临安（今浙江杭州），民居屋宇众多，巷道密集，火灾隐患较大。临安的消防措施比汴京的更为周全。全城配备了七支专业的灭火队，分别称为水军队、搭材队、亲兵队、帐前一队、帐前二队、帐前三队、帐前四队；城内每隔二百四十米设有一座军巡铺；全城划为二十余个区域，每个区域称为隅；每隅配备约百名军兵，在东、西、南、北、上、中、下、府、东北下、钱塘十隅均设有望火楼。与北宋相比，南宋的报火警方法也更加先进。望火楼上的守卫日夜值守，如在白天发现不同方位的火情，朝天门内的火情用三面摇旗发号，朝天门外的火情用两面摇旗发号，城外的火情用一面摇旗发号；如在晚上

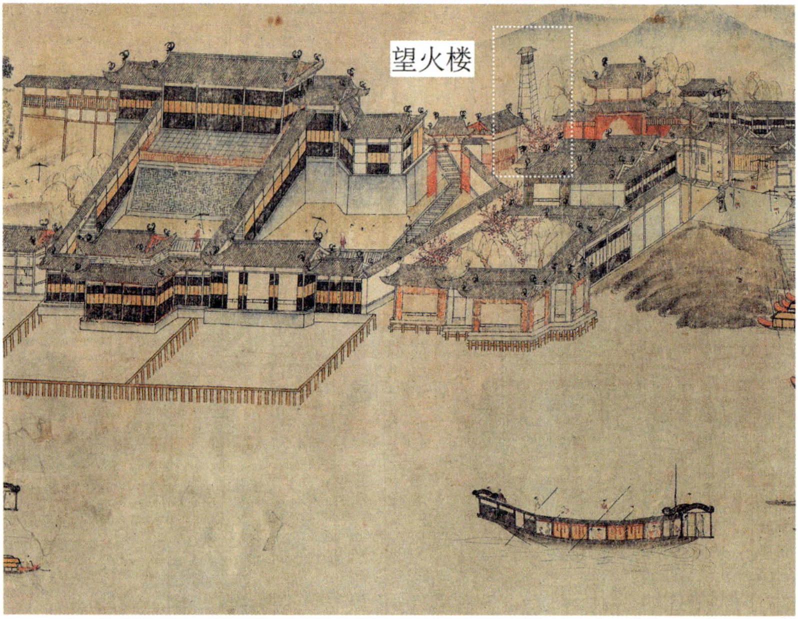

《西湖清趣图》局部

发现不同方位的火情，发号方式与白天相似，只不过改为用灯代替摇旗来传递信号。驻守在各隅的潜火兵会按照平日划分好的地段展开扑救工作。

元代对消防工作也比较重视。《元史》载："诸城郭人民，邻甲相保，门置水瓮。积水常盈，家设火具，每物须备。大风时作，则传呼以徇于路。有司不时点视，凡救火之具不备者，罪之。"在元代，家家户户被要求在门口放置水缸，缸内存满水，以便随时用于灭火；家中还需要配备灭火工具，确保在火灾发生时能够迅速应对；大风天气时尤其要警惕火灾；对于未按规定准备灭火工具的家庭，将依法予以处罚。

故宫建筑概况

故宫又名紫禁城，坐落于北京市中心，竣工于明永乐十八年（1420年），是明清两代的皇家宫殿。明永乐年间，明代第三位皇帝朱棣在南京夺取帝位后，决定以南京皇宫为蓝本，在北京中心兴建一座全新的皇宫，将皇宫由南京迁往北京。这座在北京建成的皇宫，便是紫禁城。紫禁城的营建过程大致分为三个阶段：第一阶段为永乐元年（1403年）至永乐四年（1406年），朱棣下令将北平升为北京，在此设立只有都城才能拥有的专属机构；第二阶段为永乐四年至永乐十五年（1417年），朱棣下令征调工匠民夫，并派遣工部尚书宋礼等人分赴四川、湖广、江西、浙江、山西采木，泰宁侯陈珪等人沿运河督造砖瓦，筹备施工所需的材料，并开启了紫禁城的营建；第三阶段为永乐十五年至永乐十八年，经过三年的持续施工，紫禁城终于建成。永乐十九年（1421年）元旦，朱棣迁都北京，将紫禁城作为皇宫。自此，紫禁城成为明清两代二十几位皇帝的居所，他们在此居住和生活，统治中国近五百年。

1912年2月12日，清朝最后一位皇帝——宣统帝溥仪正式下诏退位，清政府灭亡。紫禁城的外朝区域被民国时期的北洋政府接管，末代皇帝溥仪仍居住在皇宫的内廷区域。虽然清室产业大多被收归国有，但民国初年政局混乱，社会动荡不安，各地盗卖文物的现象愈发猖獗。盛京（今沈阳）故宫和热河离宫（今承德避暑山庄）两处的物品数量最多，又远离京师，文物安全难以保障。在社会各界有识之士的倡议下，当时的北洋政府将保护文物、成立博物馆提上了议事日程。1913年，在内务总长朱启钤的主导下，北洋政府决定将盛京故宫和热河离宫所藏的各类文物陆续运至北京紫禁城进行陈列展览，并创办了古物陈列所，同时对外开放部分外朝区域。最初的古物陈列所仅有武英殿一处展室，后来逐步扩大至文华殿、三大殿等区域，这些区域被用作库房或展厅。从此，人们得以一窥昔日禁地的风貌。此时的紫禁城也被一分为二。

1924 年 10 月 23 日，军阀冯玉祥发动北京政变，组建摄政内阁，修改对清皇室的优待条件。同年 11 月 5 日，溥仪和他的后妃及少数宫女、太监被冯玉祥驱逐出宫，这标志着紫禁城已彻底结束了作为帝王居所的历史。1925 年 10 月 10 日，乾清门广场上举行了盛大的故宫博物院开院仪式，以紫禁城内廷区域为馆址的故宫博物院正式宣告成立（外朝区域仍由民国政府管辖）。自此，紫禁城南北区域虽分属不同部门管辖，但已不再有禁区，昔日帝王的宫苑禁区成为平民百姓可以出入参观的场所。

故宫古建筑群

我们今天看到的故宫，占地面积约七十八万平方米，建筑面积约十五万平方米。其总体布局以一条纵轴线为主，左右对称。故宫依据朝政活动和日常起居的需求，分为南北两部分，南边的建筑群属于外朝，北边的则属于内廷。外朝是皇帝举行重大典礼以及朝廷处理政务的场所，建筑气势雄伟，体量宏大。外朝区域以太和殿、中和殿、保和殿三大殿为中心，周围廊庑、门、阁、楼等建筑相互呼应，共同构成了一片宽广开阔的庭院。三大殿区的东边设有文华殿，西边设有武英殿，它们横向排列。内廷区域以皇帝、皇后居住的乾清宫、坤宁宫为中心，加上妃嫔居住的东西六宫，皇子居住的乾东五所、乾西五所，皇太后居住的慈宁宫、寿康宫、寿安宫，以及太上皇居住的宁寿宫，形成了多座院落的组合。此外，内廷区域内还遍布着花园、戏台、佛堂等各种不同类型的建筑。内廷区域的建筑布局紧凑含蓄，装饰奢华，每一处细节都透露出皇家建筑的独特风范。

唧筒

麻搭

第一章

明代的主要火灾

明代宫廷因缺乏专职的防火人员，火灾频发，且常因扑救不及时造成严重损毁。紫禁城尚未完工时，午门就因元宵节的鳌山灯会诱发了火灾。前朝三大殿是皇帝举行国家重要仪式的场所，却三次被焚毁，或因雷击，或因人为破坏。乾清宫在明代是皇帝寝宫，正德帝却在其中存贮大量烟花，诱发了乾清宫、坤宁宫火灾。嘉靖帝在宫外兴建大高玄殿以从事道教活动，道士焚香不慎诱发火灾，烧死方皇后，嘉靖帝却见死不救。这些火灾是紫禁城明代消防史的重要组成部分。

紫禁城最早的火灾

午门是紫禁城的南大门。我国古代用十二地支表示方位，午为正南。午门平面形状为凹形，由主楼和两侧的雁翅楼组成，三者坐落在高为十二米的墩台上。墩台南面的正面开设有三个门洞、东西侧面各开有一个门洞。举行重要典礼活动时，正面中间门洞供皇帝出入，正面东门洞供文武官员出入，正面西门洞供宗室王公出入；东西两侧门洞又名掖门，供低级别官员出入。午门主楼面宽九间，进深五间，寓意“九五至尊”。在古建筑领域，一间房是指四根立柱围成的空间，面宽指长度方向，进深指宽度方向。主楼长约六十米、宽约二十五米、高约二十六米，屋顶为重檐庑殿做法。在明代，午门是帝王举行重要活动的场所。军队凯旋时，会在午门广场举行向皇帝敬献战俘的献俘礼。在新年、元宵等节日期间，午门广场上会燃放烟花，皇帝会登临午门城楼与民同乐。紫禁城历史上的第一次火灾，就发生在午门，此时紫禁城整体建筑群尚未完工。

午门南立面

火灾概况

紫禁城包含上万间建筑，防火工作至关重要。然而，它在历史上多次遭受火灾的侵袭，其中最早的火灾是明永乐十三年（1415 年）的午门火灾。明代官员沈德符在《万历野获编》卷二十九中记载：“鳌山灯火，禁中年例，亦清朝乐事，然也有最出意外者。如永乐十三年正月之壬子，鳌山火发，焚死多人，都督马旺亦与焉。”《大明太宗文皇帝实录》卷一百六十也有类似的记载：“壬子夜，午门外灯山火，有仓卒不及避而死者，都督同知马旺预焉。”也就是说，永乐十三年正月十三日晚上，午门外的鳌山灯着火，导致多人被烧死，其中包括都督同知马旺。

上述“永乐十三年正月之壬子”，即 1415 年 2 月 22 日。当时，紫禁城的主要建筑已基本完工，午门也初具规模。永乐帝朱棣已进驻西苑（今北海公园附近），为庆祝元宵节，他计划登上午门城楼观赏烟火，于是下令在午门前搭建数丈高的灯台，扎起蟾宫月殿的彩阁，称之为鳌山灯。当晚，皇帝、皇后、皇子皇孙及近臣们依次登上午门，数百名宫女、太监和侍卫在午门广场上助兴、护卫。掌灯时刻到来，烟火开始燃放。漫天的烟火璀璨夺目，令人目不暇接。永乐帝看得眉开眼笑、兴奋不已，然而就在这时，鳌山灯突然起火，火舌扑向午门城楼。众人大惊失色，永乐帝在锦衣卫的保护下安全撤离，但数十名靠近鳌山灯的宫女和太监则葬身火海。当时负责指挥救火的最高军事长官、都督同知马旺也不幸以身殉职。都督同知是明代的军事职官，品级为从一品，相当于现代的卫戍区司令。

当时，南京也有午门，且北京紫禁城尚未完全完工，上述文献并未明确指出火灾究竟发生在哪个午门前。清代官员张廷玉等人所撰的《明史》卷二十九载有永乐“十三年正月壬子，北京午门灾”，这表明此次火灾发生在北京午门。此外，《大明太宗文皇帝实录》卷一百六十、一百六十一记载了马旺的生平事迹，马旺临终前担任北京都督同知，这也进一步印证了火灾地点是北京午门。尽管紫禁城的整体建筑群尚未完工，但午门的主体结构应该已经建成，永乐帝朱棣率众官员登午门城楼观赏鳌山灯会的可能性很大。

火灾原因

午门火灾由元宵节的鳌山灯会引起。

鳌是古代传说中的一种神兽，其形象在明代以前为龟形，明代起则演变为头尾似龙、身似陆龟的形态。鳌在古代神话中有补天的神力。南宋政治家王十朋等人编纂的《东坡诗集注》卷十二载有“女娲炼五色石补天，断鳌足以立四极”，意思是女娲用五色石补天，用鳌足来支撑天地。鳌还有戴山的本领。先秦哲学家列子等人撰写的《列子》卷五载有“乃命禺彊使巨鳌十五举首而戴之”，意思是北海之神禺彊奉天帝之命，用十五只巨鳌来驮伏五座神山。三只鳌为一组，六万年换岗一次。鳌的圆背和平腹，与我国古人“天圆地方”的宇宙观相契合。因此，鳌成为古人期盼国泰民安的吉祥物之一。

鳌山灯是我国古代元宵节中体量最大、灯火最绚丽的彩灯。元宵赏灯是我国古代的节令民俗。将许多盏灯一层层从下往上叠起，就形成了一座灯山，整座灯山的外形犹如一只巨鳌。南宋文学家周密在《武林旧事》卷二中记载：“禁中尝令作琉璃灯山，其高五丈，人物皆用机关活动，结大彩楼贮之。又于殿堂梁栋窗户间为涌壁，作诸色故事，龙凤噀水，蜿蜒如生，遂为诸灯之冠……上乘小辇，幸宣德门，观鳌山。”

太和殿前的鳌

由这段话可知，宋朝的鳌山灯高达五丈（约 16.65 米），相当于五层楼高，不仅有各种机关装置，而且色彩斑斓，连皇帝都亲自前往观赏。国家博物馆收藏的明代宫廷绘画《明宪宗元宵行乐图》中有鳌山观灯的场景。虽然画中的鳌山似乎并未完整展示，但从已呈现的内容来看，它至少有四层，每层约一人高，布置有多盏不同样式的灯笼。在二至四层的灯笼之间，还有吕洞宾、铁拐李、曹国舅等上洞八仙，以及苏飞、左吴、田由等淮南八公的造型。整座鳌山灯集宏伟与豪华于一体。明代的鳌山灯最多可达十三层。

鳌山灯会的举办，在当时构成了巨大的火灾隐患，主要表现在以下三个方面。

《明宪宗元宵行乐图》中的鳌山灯棚

其一，火源众多。鳌山灯由大量的灯堆叠而成，严格来说是挂在工匠预先搭设好的木架子上，灯与灯之间通过火油爆管（安设在导管内的引线）连接。波斯（今伊朗）使者火者·盖耶速丁·纳哈昔在明永乐年间出使明朝，并著有《沙哈鲁遣使中国记》一书。书中描绘了永乐十九年的鳌山灯火：鳌山为庆贺灯节而搭设，鳌山灯火表演可达七天；在午门前用木头搭成小山，覆盖松柏枝，这座绿山堆成鳌的形状；鳌山上挂着十万盏灯，这些灯用绳子连着，绳子上穿着火油爆管；一盏灯点燃后，爆管开始沿着绳子滑动，把它接触到的灯都点燃，刹那间从山顶到山底灯火通明。不难看出，十万盏灯就是火源，任何一盏灯失火，均有可能诱发火灾。由此可以推测，永乐十三年午门火灾时的鳌山灯数量不在少数，且均为火源。

其二，易燃易爆物品丰富。古代元宵灯会往往伴随着烟火表演。明代官员吕毖在《明宫史》卷二中记载："或于寿皇殿安方圆鳌山灯，有高至十三层者。派近侍上灯，钟鼓司作乐，内府供用库备蜡烛，内官监备奇花、火炮、巧线、盒子、烟火、火人、火马之类。"由此可见，明代鳌山灯不仅体形庞大、数量众多，而且内部有蜡烛、火炮、火药等易燃易爆物品。这些物品如果防控不当，极易诱发火灾。明代火药种类繁多，官员沈榜在《宛署杂记》卷十七中记载了烟火的不同种类：响炮（有声）、起火（高起）、三级浪（起火中带炮连声）、地老鼠（旋绕于地上）等。这些火药由生铁粉掺杂硝、硫磺、灰等制成。更有甚者，烟火匠人会将各式各样的烟火绑在高大的木架子上，各个烟火之间用火油爆管连接，只要点燃第一个烟火的引线，其他烟火就能自动燃放，产生与《沙哈鲁遣使中国记》中的描述相近的照明效果。明代工匠还能通过火药制作不同颜色的火焰。明代杂记《墨娥小录》卷六中提供了不同火焰颜色的配方：硝、硫磺、炭、铁屑组合后，可发出黄色火焰；硝、硫磺、炭、铜粉组合后，可发出绿色火焰；硝、滑石、炭组合后，可发出紫色火焰等。由此可知，鳌山灯会上的烟火虽然绚丽多彩，但其制作材料大多为易燃易爆物品。用于搭建鳌山灯的木架子也极易燃烧，进一步加剧了火灾风险。

其三，消防通道缺乏。鳌山灯规模宏大、色彩斑斓，从百姓到皇帝都乐于观赏。明朝史学家陈建在《皇明历朝资治通纪》卷六中记载：“永乐十年正月，元宵节，赐文武群臣宴，听臣民赴午门观鳌山三日。自是，岁以为常。上或御午门示御制，使儒臣奉和以为乐。”永乐帝下令，为庆祝元宵节，臣民可到午门观看鳌山灯会，以示与民同乐。他甚

《上元灯彩图》中的鳌山

至会亲自登临午门，与百姓同乐。鳌山灯会燃放烟花，宫娥翩翩起舞，钟鼓司奏乐助兴，场面极为热闹，吸引力极大。明代风俗画《上元灯彩图》的中心也绘制了鳌山灯，由江南造园的太湖石堆成假山形式，不同形式的彩灯以民间故事人物为主题，贯穿其中，周围挤满了密密麻麻的围观者。如此多的观众，如果缺乏必要的消防通道，不仅在出现火灾时会阻碍救援工作的开展，而且极易引发踩踏事故。

火灾教训

火灾的教训是深刻的，永乐帝也对此进行了深刻的反省。《大明太宗文皇帝宝训》卷一中载有永乐帝在火灾后第六天对皇太子的训诫：午门观鳌山灯火，本是与民同乐的盛事，但由于自己的不谨慎，导致了火灾的发生，这是上天在惩戒他的德性不足。从科学角度来看，午门火灾的教训主要包括防火预案和火灾扑救这两个方面。

从防火预案的角度来看，必须提前做好充分的预防措施。这些措施主要包括对火源和易燃易爆物品的控制、人员疏散的安排、灭火水源的准备等。鳌山灯由无数盏灯叠加而成，灯与灯之间以火药连接，任何一个组成部分失火，就有可能蔓延成一场大火。因此，必须有及时扑灭任何小火源的措施，避免火势蔓延；不同的火源之间，应采用防火材料进行隔离；应对游人的数量进行控制，避免在火灾发生时出现人群挤压和踩踏的现象；必要的消防（逃生）通道，必须提前做好规划。

此外，水是灭火的重要物质，鳌山灯会附近必须有充足的水源。午门以北即为内金水河，尽管紫禁城当时尚未完工，但内金水河已经存在。根据《明代职官政书文选·礼部志稿》卷二的记载，永乐十五年十一月，内金水河及太液池（今北海公园附近的水池）的水面凝结成楼阁、龙凤、花卉状图纹，永乐帝特地允许朝廷群臣前往观看。在元宵节当天，内金水河的水面很可能仍处于冰冻状态，若未能提前开凿备用，很可能因取水困难而延误救火的最佳时机。类似的例子是光绪十四年（1888 年）十二月十五日夜间的太和门火灾。根据光绪帝的老师翁同龢在《翁同龢日记》中的记载，太和门广场的内金水河因为冰冻，救火人员凿冰一尺才取到水。由于消防用水供应不及时，最终导致太和门被焚毁。

从火灾扑救的角度来看，当火灾发生时，必须具备迅速且有效的扑救能力。这种能力体现在拥有足够的灭火人员、可靠的灭火工具，以及能够及时有效地扑灭火灾的组织协调能力。明代的紫禁城内没有专职的消防机构，火灾的扑救任务主要由禁卫军承担。午门火灾中，仅有部分禁卫军能够参与灭火，其余人员还需负责守卫皇城，这导致扑救火灾的人员数量不足。而参与灭火的人员多为兼职人员，缺乏专业的灭火技能，无法有效地控制火势，造成了

《武经总要》中的灭火工具

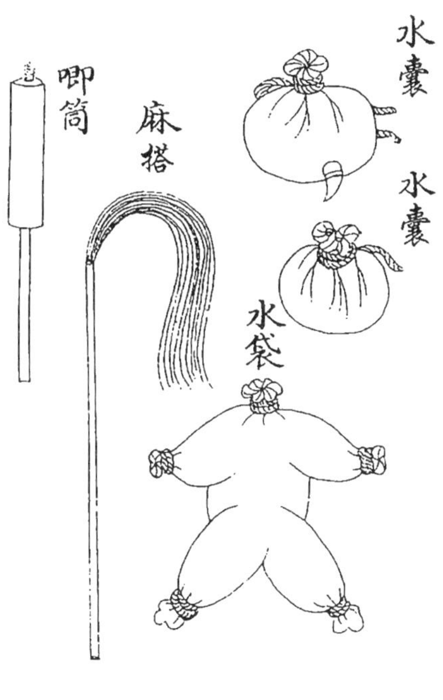

大量人员伤亡和财产损失。此外，明代宫廷里的灭火工具主要沿袭宋代，包括水桶、唧筒、麻搭、水囊、水袋等。这些工具提供的水量少，喷水射程短，自动化程度低，面对体量庞大、猛烈燃烧的鳌山灯，扑救能力极其有限。

明永乐十三年正月十三夜的午门火灾，是紫禁城内最早的火灾。火灾的发生主要与鳌山灯会火源众多、易燃易爆物品堆积、缺乏必要的消防通道有关。火灾的教训主要包括缺乏有效的预案和足够的扑救能力两方面。尽管这场火灾已过去六百余年，但是火灾原因与教训对现代社会中的公共消防仍具有重要的借鉴和警示作用。

知识链接

紫禁城里的鳌山灯会

明代午门前的鳌山灯及赏灯盛景，在诗词中多有记载。明代官员金幼孜多次受赏午门观灯，并作有五言律诗《元夕午门赐观灯》。诗中描绘道："鳌山新结彩，列炬照晴天。箫鼓瑶台上，星河绛阙前。彩妆千队好，绣簇万花妍。欢赏陪銮驭，还歌《既醉》篇。"其中"新结彩"展现了鳌山灯由色彩绚烂的灯交织而成，美轮美奂；"照晴天"形容灯火辉煌，照亮了夜空；"箫鼓瑶台"反映出午门城楼上鼓乐齐鸣、气氛热烈的场景；"星河"展现出组成鳌山的灯数量众多，犹如皇宫前的点点星光；"彩妆千队""绣簇万花"反映出观灯民众数量众多，人山人海，且都身着节日的盛装;“欢赏”突出了赏灯人快乐的心情；而诗的最后，借《诗经》里的《大雅·既醉》表达了对帝王功德的赞颂。

清代宫中的元宵节期间，乾清宫、宁寿宫、养心殿等建筑外面均设鳌山灯。乾清宫外的鳌山灯内，在夜间还会被放入上万只蝈蝈。

元宵节当天，皇帝会在乾清宫内宴请亲近大臣。此时的乾清宫有两大特色。其一是建筑内的宴席桌间，摆满了牡丹、芍药等富贵花。这些怕冷的花平时都在宫中暖室里，专为乾清宫新年的节日氛围而准备。其二是乾清宫暖阁内设炭盆，内燃香炭；炭盆周围摆满了蝈蝈、蛐蛐及各类草虫。这些草虫在元宵节夜间会被置入鳌山灯内，给乾清宫带来不同的声音效果。宴席间，殿内鼓乐齐鸣，宫女载歌载舞；宴席结束后，乐器停止奏乐，而殿外的上万只蝈蝈在鳌山灯内鸣叫不停，与殿内的欢声笑语交织在一起。蝈蝈之所以被宫廷重视，是因为蝈蝈总是发出“蝈——蝈——”的叫声。成千上万只蝈蝈的叫声，对清代帝王而言，有万国来朝之意。

清代宫中元宵节的鳌山灯，深受君臣喜爱。乾隆帝的《咏鳌山灯》云:“驾山海上浮，秉烛夜中游。腊尽烘春丽，崖悬挽水流。”诗中巧妙引用鳌的神话典故,表达对鳌山灯壮观景象的欣赏。大臣张英的《养心殿看鳌山灯恭赋》载:“琉璃宵映蕊珠宫，绛蜡分行皎月同。山似蓬莱移海上，人疑鸾鹤戏云中。”诗中通过夸张的语言来描述鳌山灯的绚丽与观者的惊叹。不难发现，鳌山灯在营造宫中元宵节盛大氛围方面，发挥了重要的烘托作用。

三大殿因火灾而缩尺

前朝三大殿是太和殿、中和殿和保和殿，它们是紫禁城里最为重要的宫殿群，曾是皇帝举行国家重大活动的场所。

太和殿俗称金銮殿，位于紫禁城南北主轴线的显要位置，是我国现存最大的木结构大殿。太和殿于明永乐十八年仿南京故宫奉天殿而建，现存的形制为清康熙三十六年（1697 年）重建后的样式。太和殿面宽十一间，进深五间，长 64 米，宽 37.2 米，高 26.92 米，连同三层台基总高 35.05 米，是紫禁城内规模最庞大、等级最高、体量最大的建筑。许多人误以为太和殿是皇帝每日上朝的地方，实则不然。太和殿是皇帝举行各类盛大典礼的场所，实际使用次数较少。明清两代，皇帝上朝的地方主要在太和门和乾清门。太和殿主要用于举行盛大典

三大殿侧立面（从左至右依次为太和殿、中和殿、保和殿）

太和殿正立面

中和殿正立面

礼，如皇帝登基、皇帝大婚、皇后册立、命将出征等，此外，在每年的万寿节、元旦、冬至三大节，皇帝在此接受文武官员的朝贺，并向王公大臣赐宴。

中和殿位于太和殿北面，始建于明永乐十八年，历史上曾遭受火灾并得以重建。现存建筑平面呈正方形，边长二十四米，高二十七米，面宽和进深均为三间，屋顶为单檐四角攒尖顶，中间最高处安装有镀金圆形宝顶，屋面各翼角均置有七个小兽。中和殿的名称取自《礼记》卷十六："中也者，天下之大本也；和也者，天下之达道也。"明清时期，皇帝在太和殿举行重要国家典礼前，会在中和殿休憩，并接受执事官员的朝拜。皇帝赴天坛、地坛祭祀前，会在中和殿内阅读祝文（祭祀文）。皇帝前往先农坛举行亲耕仪式前，也会在中和殿查验种子和农具。

保和殿位于中和殿北面，始建于明永乐十八年，后历经数次焚毁及重建。保和殿的名字源于儒家经典《周易》："保合大和，乃利贞。"其中，"大"通"太"，"太和"寓意宇宙间万事万物和谐而统一。"保

保和殿正立面

和”则表示神志专一，以保持万物和谐。现存建筑面宽九间，进深五间，长 46.6 米，宽 21.7 米；台基以上的高度为 20.7 米，屋顶为重檐歇山式，上下檐翼角均安放九个小兽。保和殿在明、清时期的功能有所不同。在明代,皇帝在举行重大典礼活动前,通常会在保和殿内更衣；册立皇后、皇太子时，皇帝在此处接受贺拜。在清代，保和殿的主要用途是作为皇帝赐宴外藩、亲王及大臣的场所，也曾作为顺治帝和康熙帝的寝宫。自乾隆五十四年（1789 年）起，保和殿成为殿试的举办场所。殿试是我国古代科举制度中最高级别的考试，由皇帝亲自拟定考题，成绩优异者可被委以高官。

公众参观故宫时，可以看到三大殿矗立在三层台基之上，气势恢宏,威严庄重。然而与明朝初建时相比,如今的三大殿体量已明显缩小,其根本原因在于防火方面的考量。

第一次火灾与神算博士

明永乐十九年四月，奉天殿因雷击失火，火势迅速蔓延至华盖殿、谨身殿，三殿均被焚毁。据《明史》载:“夏四月庚子，奉天、华盖、谨身三殿灾。诏群臣直陈阙失。乙巳，诏罢不便于民及不急诸务，蠲十七年以前逋赋，免去年被灾田粮。己酉，万寿节，以三殿灾止贺。”这段记载表明：紫禁城竣工后的第二年四月，三大殿就遭遇了火灾；永乐帝下诏免去民众多年积欠的赋税，又下令取消当年的万寿节庆贺活动。彼时距离紫禁城正式竣工尚不足一年，永乐帝入住紫禁城也不过三个多月。营建紫禁城耗费了十三年之久，其间投入了大量的人力、物力和财力。三大殿作为明代皇权的新象征，一夜之间被烈火吞噬，这对靖难之役后登基的永乐帝来说，无疑是沉重的打击。令人惊讶的是，此次火灾竟然被一位“博士”（钦天监官员）准确地预测到了。

明永乐十九年正月初一，奉天殿举行了盛大的朝会，庆祝北京宫殿的正式启用。永乐帝召见了钦天监的漏刻博士胡奫，让他为三大殿占卜吉凶祸福。

漏刻是中国古代科学家发明的计时器，由带孔的壶和附有刻度的浮箭组成。漏刻博士是中国古代文官官职名，是配置于钦天监官署的基层官员，主要负责天文历法的换算。1912 年清朝灭亡后，这一官职也随之被废除。

胡奫受命占卜后，跪奏道：“午时，三大殿当毁！”他预言在永乐十九年四月初八午时，奉天殿、华盖殿、谨身殿将会被大火焚毁。这里所说的午时，是指 11 点到 13 点，午正是 12 点。

永乐帝听闻预言后勃然大怒，下令将这位胡博士投入大牢。正月、二月、三月过去，三大殿皆安然无恙。到了四月初八这一天，永乐帝静心地等待午时的到来。报时官员奏报：午正时刻已到。

永乐帝既欣慰又愤怒：欣慰的是三大殿太平无事，愤怒的是胡奫的胡言乱语，扰乱了官心、军心、民心，也扰乱了圣心。这时，狱卒来报：正午无火，胡博士在狱中服毒自尽！然而，正午二刻，永乐帝突然接到奏报：奉天殿因雷击失火，三大殿皆陷入火海！

胡奫预言的应验，让永乐帝的内心慌乱且恐惧，他下诏征求大臣们的意见。当时有些官员趁机提出北京不适合作为都城，建议皇帝迁都。永乐帝听后大为震怒，杀了主事的萧仪，并对大臣们严厉斥责说，迁都是经过深思熟虑、反复商议后做出的重大决策，绝非轻率之举。他下令，所有曾讨论过迁都的官员一律在午门外罚跪，朝中其他大臣无人再敢出声。就在永乐帝怒气未消之时，户部尚书夏原吉上奏说，言官奉诏提意见，本无过错；若真有罪，也应由皇帝身边的大臣承担。他将罪责揽到了自己和皇帝身边的大臣身上，给永乐帝解了围，化解了僵局。

胡奫初名胡浚，是浙江嘉善陶庄人，胡浚是明代初叶最知名的筮者之一。所谓筮者，便是算卦之人。据说他能预知生死，推断吉凶，占卜测运，料事如神。

胡浚和朋友袁杞山一同前往南京游玩时，邂逅了神乐观提点（明代官员，掌管乐舞，以备祭祀天地神祇与宗庙社稷）姚一山。姚一山当时正严厉地斥责他的随从，因为这人不小心弄丢了一个金杯。胡浚和袁杞山心生怜悯，便占卜了一卦后，告诉随从：金杯并未丢失，在他居住之处的西南角落，向下挖五寸土，定能寻回。随从依言而行，果真找到了金杯。

金杯失而复得，姚一山对胡浚感激不尽。永乐八年（1410年），姚一山向永乐帝举荐了胡浚。袁杞山则假称有病，放弃了觐见皇帝的机会,胡浚独自一人进京拜见皇帝。胡浚临行前,袁杞山为他卜了一卦，卦象为乾之大，爻辞“或跃在渊”，因此断言“赐名必不离水”。胡浚到京后，“卜无不验”，永乐帝大悦，赐名奫，并授予他钦天监漏刻博士的官职。胡奫由此从一介寒士，一跃成为胡奫博士。袁杞山得知此事后，摇头叹息说：“胡浚命不久矣，必定遇火而危。”

据雍正年间《浙江通志》记载：“午时正二刻，殿果焚。”这场大火究竟从何而来？有研究认为，当时一串雷火从天而降，正巧击中奉天殿，烈焰瞬间燃起，木结构的三大殿迅速沦为火海。

胡奫博士故事里的火灾时间与史料记载有一定出入。文渊阁大学士杨荣亲身经历了这场火灾,并在《文敏集》中留下了可靠的记载:“夏四月庚子夜，奉天、华盖、谨身三殿灾。火势猛烈，而奉天门东庑切近秘阁，公奋身直入，麾卫士三百人，将御书图籍并积岁制勅文书舁致东华门河次。明日，太宗皇帝召谕之曰：‘昨夜火发在目，前者几人，卿能收拾图籍，不避艰危，可谓岁寒松柏也。’公谢曰：‘职分当然。’”三大殿遭受火灾时，杨荣指挥守卫将各类地图、诏令和档案搬运至东华门外，从而使其免遭焚毁。根据他的记载，奉天殿遭受火灾的时间是晚上，而不是正午。

明正统六年（1441 年）九月，三大殿复建完工。各建筑的体量规模和建筑间距基本与初建时期相同。

第二次火灾及原尺寸复建

明嘉靖三十六年（1557 年）四月，三大殿因雷击再次失火，均被焚毁。《大明世宗肃皇帝实录》卷四百四十六记载：嘉靖三十六年四月丙申（1557 年 5 月 11 日），“奉天等殿门灾。是日申刻，雷雨大作。至戌刻，火光骤起。初由奉天殿延烧华盖、谨身二殿，文武二楼、左顺、右顺、午门及午门外左右廊尽毁。至次日辰刻，始熄”。由上述记载可知，此次火灾烧毁了三大殿、文楼（今体仁阁，位于太和殿前广场内东侧，面西）、武楼（今弘义阁，位于太和殿前广场内西侧，面东）及十五座门。火灾之后，皇帝只能在奉天殿西南侧的文华殿里上朝。

三大殿起火时，珍藏在文楼的《永乐大典》只有一套正本。因担心大火殃及典籍，嘉靖帝一夜之间传谕三四次，下令紧急搬迁。《永乐大典》是明永乐年间，由永乐帝先后命解缙、姚广孝等主持编纂的一部集中国古代典籍之大成的类书。它初名《文献大成》，后由永乐帝亲自撰写序言并赐名《永乐大典》。全书 22 877 卷，11 095 册，约 3.7 亿字，汇集了古今图书七八千种。此次火灾后，嘉靖帝意识到文献保存问题的严重性，便有了未雨绸缪的想法。他命令内阁首辅高拱带领一个重录团队，原封不动地将《永乐大典》誊写了一遍。由于嘉靖帝对这项工作要求极高，重录人员花了整整六年时间，才完成了副本，是为“嘉靖本”。

此次火灾，是紫禁城落成以来，燃烧范围最广、损失最为惨重的一次。明朝冯梦龙在《智囊》中对灾后清理有所记载。郑晓时当时协理军政，率领三万士兵打扫火灾后的烬土。郑晓时告诉黄司礼，砖瓦木石不必全部清理出去，比如石材，有的完整，有的一半完好，有的一尺以上还都完好，应该另外找个地方堆放起来；白玉石烧成的石灰，也应另行放置；砖瓦同样如此处理。数天后，工部计划将端门外廊房改修为六科的办公场所，还打算修理午门里面烧坏的立柱和墙体。此外，工部还计划在谨身殿与乾清宫之间，以及隆宗门和景运门之间筑一道高墙，以阻断可能由内外方向蔓延的火势，并便于从宫外往宫中运送砖、石灰及黄土。落实此事时，在民间征用了五千辆小车，引起了骚动。

另有细心的大臣发现，三殿同时被毁，除建筑材料为易燃的木材外，各殿之间间距过密也是主要原因。因此，他们建议缩小三大殿的建筑尺寸、增大三大殿之间的间距。但这条提议遭到了大学士严嵩的极力反对。据《大明世宗肃皇帝实录》卷四百四十七记载，严嵩认为建筑地基施工难度大、费用多，若三大殿的地基发生变化，会导致地基上部的建筑整体改动过大，不仅耗费人力、财力，而且短时间内难以完成施工。因此，缩小三大殿尺寸的提议未能得到实施。

嘉靖四十一年（1562 年）九月，三大殿重建完成。为消除“晦气”，嘉靖帝将奉天殿更名为皇极殿、华盖殿更名为中极殿、谨身殿更名为建极殿。

第三次火灾及缩尺复建

万历二十五年（1597年），紫禁城三大殿第三次遭受火焚。《明会要》卷七十二记载："二十五年六月戊寅，火起归极门，延至皇极、中极、建极三殿，文昭、武成二阁，周围廊房一时俱烬。时帝锐意聚财，多假殿工为名，言者谓：天以民困之故，灾三殿以示儆，奈何复因天灾以困民？帝不纳。屡征木于川广，令输京师，费数百万，卒被中官冒没，终帝世，三殿实未尝复建也。"根据上述史料记载，此次火灾造成的建筑破坏依然严重，而万历皇帝却借助复建宫殿之名开始敛财。当时的官员从天人感应的角度，指出了皇帝这一做法的矛盾之处："天以民困之故，灾三殿以示儆，奈何复因天灾以困民？"但皇帝抛弃了这种道德主义的迷信之说，将修复三殿的工程变成了横征暴敛的合理幌子。直到万历帝去世，三大殿仍未能复建。

类似的记载可见于《万历野获编》补遗卷四："万历二十五年丁酉六月十四日戊寅，三殿灾。其年月支干俱巳酉、午戌及丙丁、戊辛，说者以为此天道实为之，窃不敢谓然。今按宫殿被灾，惟世宗丁巳，与今上丙申、丁酉，尤为酷烈：前殿正殿虽毁，而外门尚存，若非大庆及朔望升殿，尚可御门及常朝之礼；今禁廷一望，俱为瓦砾之场，殊非全盛景象。虽天心示儆，或者圣主心固与天通耶？今一切大礼俱改行于文华殿，逼窄浅隘，大损观瞻。忆嘉靖丁巳之灾，至壬戌年已落成，相去仅五六年。今矿税流毒，遍满区宇，动以三殿两宫大工为辞，且云停止有日，正不知告竣何日也。"

火灾之后，复建工程被提上议程。工部尚书薛凤翔主持重修三大殿工程。薛凤翔坚决主张缩小三大殿的面积，并且殿与殿的间距必须增大，以避免三大殿再次同时被焚毁。天启帝朱由校同意了这个建议，要求在原三大殿的殿基上，分别另建三座殿基和台阶，南面的皇极殿往南缩，北面的建极殿往北缩，中间的中极殿四面向里缩。改建后的皇极殿建筑面积约为 2 300 平方米，建极殿建筑面积约为 1 240 平方米，中极殿建筑面积约为 580 平方米，三大殿的总建筑面积约为 4 120 平方米，约为原来建筑面积的一半。

皇极殿的重建始于天启帝朱由校即位之时。天启六年（1626 年），皇极殿复建完工。《大明熹宗悊皇帝实录》卷八十七记载：天启七年（1627 年）八月乙未，随着中极殿、建极殿插剑悬牌仪式的举行，三大殿的重建工作基本告成。十天之后，司礼监王体乾传天启帝之意，宣布“殿工告成”，大学士黄立极、施凤来、张瑞图、李国櫓奉命提请皇帝宣谕天下。次日，“上崩于乾清宫”。三殿完工，天启帝即去世。可以说，天启帝在位的七年，也是三大殿重建的七年。

明天启七年八月三大殿复建完工后，基本形成了我们今天看到的三大殿的体量和间距：三大殿的建筑面积缩小为明朝初建时期的二分之一左右，各宫殿的高度也相应降低。缩小后的皇极殿与中极殿的间距、中极殿与建极殿的间距均增加至三十米左右，是初建时期的三倍。

第四次火灾与李自成破坏紫禁城

三大殿第四次受灾，为李自成纵火所致。

崇祯十七年（1644 年）四月二十九日，李自成在武英殿登基，举行即位仪式。李自成头戴平天冠，身穿赭黄袍，腰系玉带，足踏粉底金线绣龙嵌珠云头靴，正式登基成为大顺永昌皇帝。然而仅仅一天后，李自成便下令各部西撤，弃守北京。离开前，他派几千士兵运来引火物，堆满紫禁城内的各座宫殿。一声令下，大火被引燃，火光映红了天空。明代钱士馨在《甲申传信录》卷六中记载："是夜五鼓，闯潜遁，而大队先出。二十九日卯刻，焚宫殿、各门城楼，惟正阳门楼独在。"《明史纪事本末》卷七十八亦记载："先运薪木积宫内，纵火发炮击毁诸宫殿，又烧九门雉楼，火光烛天。"

乾隆帝曾责令内阁查证明末皇极殿是否被焚毁。据《乾隆朝上谕档》记载："遵旨将从前流贼焚毁宫殿系前三殿、抑系后三殿，及康熙年间宫殿因被回禄重行修理之处，交查内阁、工部。兹据覆称，恭查《实录》，顺治元年四月，李自成焚烧宫阙遁走，十月设御座于皇极门受朝贺。二年正月朔，上御皇极殿旧址，张御幄受朝。三年十月，太和殿、中和殿成。据此，则李自成所焚当是前殿。"由此可知，皇极殿被李自成焚毁。顺治元年（1644 年）十月，御座设于皇极门，而未设于皇极殿。顺治二年，顺治帝在皇极殿旧址接受群臣朝拜。

这场大火过后，明大内及十二宫几乎焚毁殆尽。当日宫殿焚毁的情形，从《燕行录》等文献中可窥一二。顺治十三年（1656 年），朝鲜使臣李湝在《燕途纪行》中记录了十月初三朝参的情形："从端门左夹入，制同承天，门楼为流贼所焚，尚未重构。自承天抵端门约百余步，左右长廊，只余旧基，瓦砾填满，想亦兵火后未构者。"

朝鲜《李朝实录·仁祖大王实录》记载：李自成"及山海关败归之后，尽括城中财宝而去，以火药烧殿宇、诸门，但不害人命。九王入城，都民燃香拱手，至有呼万岁者。城中大小人员及宦官七八千人，亦皆投帖来拜。宫殿悉皆烧烬，唯武英殿岿然独存"。

此外,依据《清实录》和《永宪录》所载顺治初年重建的详细记录,乾清宫于顺治二年(1645 年)五月顺利竣工,太和殿、中和殿于顺治三年(1646 年)十月相继落成。此后皇城北门的工程也圆满完成,并被赐名为地安门。值得一提的是,在这场大火中,建极殿奇迹般地得以幸存。

三大殿“缩尺”分析

从科学角度来看,相邻两座建筑是否会发生火势蔓延,与它们之间的间距密切相关:间距越小,一旦其中一座建筑失火,产生的热辐射强度就越大,飞火越容易蔓延,使得另一座建筑受热并产生火灾的可能性增大。若再有风力作用,火势将更为迅猛。故宫前朝三大殿均为木结构古建筑,其主体受力材料及装饰材料均为木材,几乎可以视为木质材料的组合体。我国《建筑设计防火规范》规定,堆积木材(木质建筑)的最小防火间距不得少于二十米。防火间距是指相邻两座建筑中,任一座失火时,另一座在未采取任何保护措施的情况下,也不会起火的安全距离。明永乐至万历年间,三大殿的三次火灾均导致三殿同时受牵连,这与各宫殿之间的间距过小有着不可忽视的关联。而经过第三次复建后,三大殿的间距显著增大,达到了防火间距的要求,从而有效避免了火灾发生时彼此受到牵连。

此外,古建筑的高度与宽度比例协调,这使得三大殿在平面尺寸缩小的同时,高度随之降低,建筑整体的体量也随之减小。这一改变对防火极为有利。三大殿的结构形式均为木柱、木额枋通过榫卯连接形成的木结构框架。在建筑材料本身为易燃物的前提下,若建筑体量较大,框架内部空间开阔,通风良好,火焰温度高,建筑材料燃烧速度快，则建筑失火的可能性也相应增大。由此可见，三大殿体量的减小，同样是基于我国古代建筑防火的科学考量，体现了古人对建筑防火的深刻认识，也是我国古代建筑营建智慧的生动展现。

知识链接

李自成火烧紫禁城的背景

李自成生于陕西榆林米脂，家境贫寒。幼年时，他被送往寺庙，成为一名小和尚。崇祯二年（1629年）二月，李自成与侄儿李过一同前往甘肃甘州（今张掖市甘州区）投军，很快成为闯王高迎祥麾下的得力闯将。高迎祥去世后，李自成自立为闯王。崇祯十七年正月，李自成在西安称帝，定都西安，国号“大顺”，时年三十八岁。

崇祯十七年三月十六日，李自成的部队穿过昌平，抵达沙河。十七日，他们又迅速推进至高碑店和西直门，并以大炮轰击城墙。三月十八日，李自成派遣在昌平投降的太监杜勋入城，与崇祯帝秘密谈判。崇祯帝坚决拒绝了李自成的条件，双方的谈判破裂。

《明史纪事本末》卷七十九记载：三月十九日凌晨，天还未亮，崇祯帝“鸣钟集百官，无一至者”。于是，崇祯帝换上便装，在太监王承恩的陪伴下，试图趁夜色逃离京城，但因各城门均有重兵把守，未能成功出城。最后，崇祯帝只能返回皇城，在太监王承恩的陪伴下登上煤山（今景山），与王承恩相对吊死。在这一天的中午时分，李自成率领大顺军浩浩荡荡地进入德胜门，沿途受到了京城老百姓的夹道欢迎。

三月初，李自成逼近北京时，崇祯帝加封吴三桂为平西伯，命其放弃宁远（今辽宁兴城）入卫京师。吴三桂奉旨率军入援，但在抵达河北丰润时，李自成领导的农民起义军已进入北京，崇祯帝自缢，北京失陷，吴三桂撤兵退守山海关。李自成曾多次劝说吴三桂归降，吴三桂一度犹豫不决。当得知其妾陈圆圆被李自成部将掳去，其父吴襄也被拘押时，吴三桂勃然大怒，愤而决定请清兵入关。李自成闻知后，于四月十三日亲率大军二十余万奔赴山海关，意图攻讨吴三桂。在一片石战役中，吴三桂与清军联合，大败李自成。李自成见势不妙，急令撤退。大顺军行至永平府范家店时，李自成下令将吴三桂之父吴襄等人斩首。

随着多尔衮和吴三桂的逼近，四月二十九日，李自成决定撤离北京。撤离前，李自成在群臣的拥护下，仓促在北京紫禁城武英殿举行了登基仪式,同时表示要抗击清军到底。《明史》卷三百九记载:“二十九日丙戌僭帝号于武英殿，追尊七代皆为帝后，立妻高氏为皇后。自成被冠冕，列仗受朝。金星代行郊天礼。是夕焚宫殿及九门城楼。”李自成在紫禁城里做了一天正式的天子。

四月三十日，李自成率大顺军从阜成门向西撤离北京城。临行前，宰相牛金星建议说，当年西楚霸王入咸阳，离开时火烧阿房宫，绵延三百里，何其壮哉！他劝李自成效法西楚霸王，烧掉紫禁城，一则楼台亭阁不会遗留于人，二则不失霸王风范。李自成听后觉得有理，派人烧毁了紫禁城，随后逃往西安。

李自成烧掉了紫禁城的多少建筑？

李自成在撤离北京前，对紫禁城造成了巨大的破坏。李自成到底烧掉了紫禁城的多少建筑？这个问题可以反向理解：顺治入关之初，在哪些宫殿举行活动？故宫现存多少明代建筑？

以下建筑很可能没有被李自成焚毁：

角楼。目前没有发现角楼在清代复建的记载，可以认为角楼未遭受李自成的破坏。角楼位于紫禁城城墙的转角，共有四座，其初始功能主要为军事防御。角楼于明永乐十八年建成，至今仍保存完好，其平面布置为近似四十五度方向对称的十字形，沿城墙交点里侧的两个方向适当延长，以增强建筑的稳定性。角楼建造在十米高的城墙上，城墙外为五十二米宽的护城河。远观角楼，视野开阔，造型优美，与周围环境浑然一体。

角楼立面

太和门近照

太和门。据《大清世祖章皇帝实录》载：顺治元年十月，顺治帝在皇极门登基。第二年，顺治帝将皇极门更名为太和门。在清代，太和门为皇帝举行重要典礼的场所。现存太和门为光绪二十年(1894 年)复建的建筑。

武英殿。李自成是在武英殿登基的，武英殿并未遭受李自成的焚毁。清兵入关之初，摄政王多尔衮率先抵达北京，将武英殿作为理事之所。后来武英殿长期成为刊刻书籍的场所。清同治八年（1869 年），武英殿被焚，正殿、后殿、殿门、东配殿、浴德堂等建筑共三十七间被烧毁，书籍版片焚烧殆尽。现存武英殿是同治十一年（1872 年）复建后的建筑形制。

钦安殿。位于御花园内的钦安殿是一座道教建筑，建于明永乐年

武英殿外立面

钦安殿外立面

间。史料中未见钦安殿遭受火灾的记载，现存建筑为明代形制。

保和殿。保和殿位于中和殿北面，在明代主要为皇帝更衣及接受贺拜的场所；在清代曾一度作为皇帝的寝宫，至乾隆年间，成为殿试的场所。据勘查，保和殿的大木构架上有多个“建极殿”字样的题记。这至少说明，现存保和殿包含多个明代元素。

保和殿梁架上的“建极殿”字样

英华殿。英华殿位于紫禁城的西北区域，是明清两代皇太后、太妃、太嫔的礼佛之地。多位故宫学者深入研究后发现：英华殿的大木构架多为楠木；大木构架、斗拱、明间脊檩彩画等都呈现出早期手法的鲜明风格；殿内七座佛龛内所绘的卷西番莲纹以深绿色为地，结构紧密，这也是明代风气。由此可以推断，英华殿在李自成焚毁紫禁城部分建筑时幸免于难。

养心殿。养心殿在明代嘉靖年间建成，位于内廷乾清宫的西侧。康熙年间，这里曾是宫中造办处的作坊，专门制作宫廷御用物品。自雍正帝迁居养心殿后，造办处的各作坊逐渐迁出内廷，养心殿便一直作为清代皇帝的寝宫。皇帝也在此召见群臣、处理政务、读书学习。有故宫学者认为，养心殿至今仍保持着当初的主体格局，殿前的抱厦和板墙仍是明代遗制。东西小院的铜缸也是明代遗物。因此可以推断，养心殿依然保留着明代的建筑风貌和文化底蕴。

保和殿外立面

英华殿外立面

养心殿鸟瞰

此外，有故宫学者在南薰殿、钟粹宫、储秀宫、漱芳斋等建筑的内檐，发现了一批明代早期和中期的彩画。由此可以推断，上述建筑至少没有完全被李自成焚毁。

胡闹皇帝与乾清宫火灾

后三宫主要指乾清宫、交泰殿和坤宁宫。其中，乾清宫和坤宁宫始建于明永乐十八年，交泰殿则建于明嘉靖年间。乾清宫位于乾清门北面，其名源自《周易》卷一“上经乾传第一”中的“大哉乾元，万物资始，乃统天”，意指宏大的乾元之气是万物生长发展的动力，

后三宫（从左至右分别为乾清宫、交泰殿、坤宁宫）

贯穿于整个天道运行的过程。乾清宫的建筑规模为内廷之首，作为明代皇帝的寝宫，自永乐帝朱棣至崇祯帝朱由检，共有十四位皇帝曾在此居住。坤宁宫之名源自《周易》卷一“上经乾传第一”中的“至哉坤元，万物资生，乃顺承天”，意为大地之气滋养万物，这是对天意的顺承。明代坤宁宫是皇后的寝宫，又称中宫。明正德九年（1514年），因正德帝在宫内存贮烟花，燃放不慎引起乾清宫失火，火势蔓延至坤宁宫。

明人沈德符的《万历野获编》卷二十九记载：“正德九年正月十六日，上于宫廷中，依檐设毡幙，而贮火药其中，偶不戒。延烧乾清宫，以至坤宁宫，一时俱烬。时上往豹房，回顾火焰烛天，戏谓左右曰：‘好一棚大烟火也。’或云是年宁王宸濠别献奇巧之灯，即令宁府遣来人入

乾清宫外立面

坤宁宫外立面

宫悬挂，皆附壁著柱，以致此变云。”

《大明武宗毅皇帝实录》卷一百八记载：“上自即位以来，每岁张灯为乐，所费以数万计。库贮黄白蜡不足，复令所司买补之。及是，宁王宸濠别为奇巧以献，遂令所遣人入宫悬挂。传闻皆附着柱壁，辉煌如昼。上复于宫廷中依檐设毡幙，而贮火药于中。偶弗戒，遂延烧宫殿，自二鼓至明俱烬。火势炽盛时，上犹往豹房省视，回顾火焰烛天，戏谓左右曰：‘是好一棚大烟火也。’”

正德九年的元宵节十分热闹，因为此前宁王朱宸濠弄到了一些新鲜玩意儿，献给了皇帝。这些玩意儿具体是什么，史书上没有详细记载，只说将其贴到墙上、柱子上后，室内“辉煌如昼”。正德帝大喜，立刻命人将其贴到了乾清宫里。正德帝还觉得不够热闹，还在乾清宫“依檐设毡幙”。正德帝素来喜欢骑马打仗，向往军旅生活，所以在宫里搭起了一座帐篷。然而，正德帝却把火药放到了帐篷里面。

燃放烟花时一时疏忽，引发了火灾。大火烧毁了帐篷，又蔓延到了乾清宫，火势瞬间失控。从晚上 9 点左右开始，大火一直烧到第二天早晨，宏伟的乾清宫在熊熊烈火中化为灰烬。

这场火灾不仅烧毁了乾清宫，连坤宁宫也未能幸免。另有文献记载，正德帝当时正在豹房消遣，忽听大臣来报乾清宫失火。皇帝闻讯后，急忙回宫指挥救火。当时正值初冬，天干物燥，火光冲天，火势极为凶猛，并蔓延至坤宁宫。上千禁军和太监奋勇救火，直到天明时分，才将大火扑灭。然而，此时的乾清宫已被烧成一片废墟，坤宁宫也一同被焚毁。

正德帝在面对这场火灾时，并没有表现得忧心忡忡，反而在太监们的簇拥下，离开了紫禁城，径直前往豹房，好像这场火灾和他毫无关联。在路上，正德帝回头望向燃烧中的乾清宫，居然面露喜色，还和旁边的人开玩笑，兴奋地说道：“好一棚大烟火也。”

那么，正德帝为何当时不住在乾清宫，而是选择住在豹房呢？正德三年（1508 年），正德帝厌倦了宫内枯燥的生活，索性离开禁城，搬进了皇城西北的豹房新宅。豹房是贵族豢养虎豹等猛兽以供玩乐的地方，这种风气早在元朝时期就已存在。据清代官员英廉等人编撰的《钦定日下旧闻考》卷四十二记载，正德二年（1507 年）八月，正德帝下令建造豹房，位置在虎城的西北角，而虎城则位于太液池的西北角（今北海公园万佛楼附近，在西华门的西北角，距离西华门约两公里）。豹房建有大量正殿和厢房，许多厢房内还设有密室。不仅如此，正德七年（1512 年），正德帝又下令扩建豹房两百余间，费银二十四万两。豹房建成后，正德帝将其作为寻欢作乐及处理政务的场所，从此很少回宫。

据《大明武宗毅皇帝实录》卷一百八记载，火灾后的第三天（正月十八日），正德帝身着浅淡色朝服，在奉天门上朝，却不设宝座。文武群臣纷纷前来安慰他，正德帝表示自己“悔悟方切”。

正德九年十二月，乾清宫和坤宁宫开始重新修建。当时，宫殿重建的劳役十分繁重，正德帝还特意增加了天下税赋，这一举措进一步加重了社会负担。正德十六年（1521 年）十一月，乾清宫复建完工。《钦定日下旧闻考》卷三十四记载：“正德十六年十一月，乾清宫成，世宗自文华殿入居之。”嘉靖元年（1522 年）九月，坤宁宫复建完工。《大明世宗肃皇帝实录》卷十八记载：“嘉靖元年九月甲辰朔，以乾清、坤宁等宫成，赐工部左侍郎赵璜、右侍郎童瑞都御史。”

大高玄殿火灾与壬寅宫变

大高玄殿位于紫禁城外的西北方位，与神武门相距约五百米，为嘉靖帝朱厚熜开展道教活动的场所。嘉靖十九年（1540 年），嘉靖帝生病，但很快痊愈。紧接着，太子出牛痘，不久也痊愈。在这两次生病的过程中，道士陶仲文奉命祈求上天的庇佑。这两次痊愈，均被嘉靖帝视为上天显灵的结果。为了用更加虔诚的方式答谢道家诸神，也为了给陶仲文一座庄严的道场，嘉靖帝决定在宫外修建一座规模宏大的道观。嘉靖二十一年（1542 年），嘉靖帝敕建大高玄殿。《明史·世宗本纪》载："二十一年夏四月庚申，大高玄殿成。"每年嘉靖帝都要在这里举办三个重要的道场：天腊道场（正月初一）、天诞道场（正月初九）和万寿平安道场（皇帝生辰之日）。

嘉靖二十六年（1547 年），刚刚竣工的大高玄殿却突如其来地遭遇了火灾。是年十一月初一，嘉靖帝偕皇后方氏及宫眷一行，至大高玄殿进行斋醮科仪。道教的斋醮科仪是以人神相通、神仙信仰为基础的一种宗教仪式，活动主要包括焚香、念咒、画符、祈祷等。嘉靖帝一行人连续进行了五日的仪式。到了壬午日夜晚，参与道场的众人早已疲惫不堪，有道士焚香不慎，引发了火灾。火势从大高玄殿迅速延烧至供人居住的偏殿，嘉靖帝在第一时间被侍卫护送至安全地带，但此时方皇后的住所已被烈焰包围，情况紧急。随行太监们请求皇帝下令施救，但在这一生死攸关的时刻，嘉靖帝却毫无反应，任由大火无情地吞噬方皇后的住所。《明史稿》记载："二十六年十一月乙未，宫中火，中官请救后，帝不应，后遂崩。"

嘉靖帝为何对方皇后见死不救呢？这很可能与五年前的那场壬寅

宫变有关。嘉靖帝喜怒无常，残害宫人。宫人只要犯了一点错误，就会受到严酷的惩罚，有两百多名宫人被打死。包括王宁嫔、杨金英在内的宫人对嘉靖帝心怀怨怼，认为自己的生命安全受到了严重威胁，因此选择殊死一搏，企图弑君。张合在《宙载》中记载，王宁嫔曾说："咱们下了手罢，强如死在他手里！"《大明世宗肃皇帝实录》卷二百六十七记载："丁酉，宫婢杨金英等共谋大逆。伺上寝熟，以绳缢之，误为死结得不殊。"嘉靖二十一年十月二十一日凌晨，即大高玄殿建成半年后，以杨金英为首的十多名宫女，乘嘉靖帝熟睡于乾清宫时，企图将其勒死，但因紧张误将绳子打了死结，无法勒紧。此时宫女张金莲因害怕而逃出，直奔方皇后的居所自首。方皇后得知后大惊，急忙带人救驾。这次事件被称为壬寅宫变。

通常而言，想要加害皇帝绝非易事。一方面，紫禁城宫禁森严；另一方面，皇帝每日在何处歇息，也很难被外人探知。大明皇帝的住所乾清宫共有九个房间，每个房间的不同位置分别设置了三张床，九个房间共有二十七张床。《钦定日下旧闻考》卷三十四对此有所记载："凡九间，有上有下，上下共置床二十七张，天子随时居寝，制度殊异。"可见，在这二十七个床位中，皇帝可以任意挑选，要想准确找到皇帝的床位，难度极大。并且，皇帝除了在乾清宫住宿外，还会到后妃的宫中留宿。比如，明朝的皇后居住在坤宁宫，其他的嫔妃也都各有宫室，皇帝可以在众多宫室中自由选择，因此要弄清皇帝的居所并不容易。但此事对于皇帝的贴身宫女而言，却并不难，因为她们负责侍奉皇帝的起居。壬寅宫变的那天晚上，嘉靖帝留宿的位置很快被参与行动的宫女们知晓。

皇后方氏出生于南直隶应天府江宁县（今江苏南京），是嘉靖帝朱厚熜的第三任皇后。嘉靖帝继位十年，仍无子嗣，大臣张孚敬建议皇帝扩纳后妃，以备子嗣。嘉靖七年（1528 年），嘉靖帝的首任皇后因受到惊吓导致流产，最终不幸去世。嘉靖十年（1531 年）三月，方氏被册封为德嫔。嘉靖十三年（1534 年），嘉靖帝第二任皇后张皇后被废，方氏被立为皇后。

方皇后在壬寅宫变中救驾有功，但随后在处理涉案宫人时，因嫉

大高玄殿及两侧配殿

妒曹端妃受宠，便将曹端妃列为杨金英等人的同谋。王宁嫔和曹端妃素有矛盾，且嫉妒其美貌，也趁机诬陷曹端妃参与谋逆。《国朝典汇》卷十记载：方皇后随后传旨“不分首从，悉磔之于市，仍锉尸枭示；并收斩其族属十人，给付功臣家为奴二十人，财产籍入官，以异姓收系者审辨出之”。《万历野获编》卷十八记载：“行刑之时，大雾弥漫，昼夜不解者凡三四日。时谓有冤，盖指曹妃诸人。”嘉靖帝后来得知曹端妃实为冤枉，对方皇后心生怨恨。嘉靖二十六年十一月，方皇后在大高玄殿火灾中丧生，嘉靖帝因积压已久的旧怨，竟未下令施救。

大高玄殿火灾后不久，嘉靖帝回想起壬寅宫变时方皇后救驾之事，生出愧疚之心。据《国朝典汇》卷九记载，嘉靖帝降谕礼部：“皇后比救朕危，奉天济难，冀同洪眷相朕始终，不意遽逝，痛切朕情，其以元后礼葬，谥曰孝烈皇后。”嘉靖帝以原配皇后的礼节，为方皇后举行了隆重的葬礼。壬寅宫变后，死里逃生的嘉靖帝搬出了紫禁城，移驾至西苑永寿宫（曾是燕王朱棣的府邸）居住。此后，嘉靖帝至死再未册立皇后，也再未回到紫禁城中那个给他带来太多噩梦的乾清宫。

唧筒

麻搭

第二章

清代及民国的主要火灾

相较于明代帝王，紫禁城中的清代帝王对防火的重视程度明显更高，这使得火灾的发生频率大幅降低，建筑的受损程度也远不及明代那般严重。然而，由于人为原因，清代宫廷内仍发生了一些火灾，其中破坏较为严重的包括康熙十八年（1679 年）的太和殿火灾、嘉庆二年(1797 年)的乾清宫火灾、光绪十四年的太和门火灾等。辛亥革命后，清政府被推翻，中华民国成立，末代皇帝溥仪逊位，但仍居住在宫中的内廷区域，直至 1924 年 11 月被驱赶出宫。在此期间，民国十二年（1923 年）内廷西北角的建福宫发生了一场严重的火灾，给紫禁城带来了极大的损失。

康熙十八年太和殿火灾

太和殿在明代被称为奉天殿、皇极殿，清顺治二年（1645 年）更名为太和殿。这座宫殿在历史上多次遭受火灾，在明代曾被四次焚毁。到了清康熙十八年十二月初三，太和殿再次因火灾被焚毁。

火灾概况及处理

《康熙起居注》记载了此次火灾的经过：“寅时，太和殿灾。丑时，火自西御膳房起，延烧后右门、中右门、西斜廊，寅时至正殿，复及东斜廊、中左门，至巳时火熄。”寅时是凌晨 3 点至 5 点，丑时是凌晨 1 点至 3 点，巳时是上午 9 点至 11 点。此次火灾的蔓延路线如下图所示。需要说明的是，北京冬季多刮西北风，而御膳房位于太和殿西北侧约六百米处。火势在风力和风向的影响下，从北向南蔓延，从御膳房向南穿过内右门，跨越乾清门广场，穿过后右门、中右门，沿着太和殿

康熙十八年太和殿火灾火势蔓延示意图

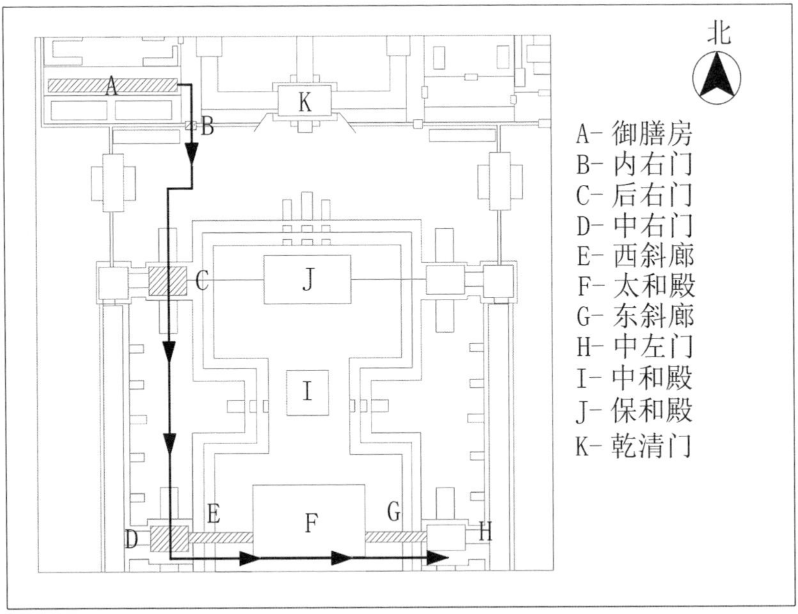

的西斜廊向东蔓延，直奔太和殿；烧毁太和殿后，火势继续向东蔓延，烧毁了东斜廊和中左门。

康熙帝对此深感震惊，随即诏告全国。《大清圣祖仁皇帝实录》卷八十七记载了康熙帝的上谕："朕躬膺天眷，统御寰区。夙夜祗承，罔敢怠忽。期于阴阳顺序，中外敉宁，共享升平之化。乃于康熙十八年十二月初三日，太和殿灾，朕心惶惧，莫究所由。因朕不德之所至欤？抑用人失当而至然欤？兹乃力图修省，挽回天意。"其中，"躬膺天眷"指承受天命，"寰区"指天下，"夙夜祗承"指日夜尽职尽责，"敉宁"指安定。康熙帝在上谕中对此次火灾表示了深刻的反思，认为这是上天的警示，提醒自己要更加勤政谨慎，杜绝治国及用人失察，以挽回天意。

本次火灾因御膳房的六名烧火太监用火不慎而引发。这六名太监是如何被处理的呢？《康熙起居注》记载，康熙十八年十二月二十一日，康熙帝在乾清门上朝时，刑部建议对六名太监处以绞刑。康熙帝回应道："放火之罪不赦。此等人在禁地不小心谨慎，致此大变，虽已遇赦，不容宽免，仍依议治罪。"

梁九与太和殿重建

如今我们所见的太和殿，是经过第五次重建后的建筑，建造负责人为梁九。

梁九出生于明朝天启年间，是明末京城最杰出的建筑大师冯巧的弟子。冯巧对梁九极为赏识，把平生技艺毫无保留地传授给他，并教导他以精准的尺度和建筑模型来指导施工。明崇祯年间，冯巧病逝，梁九接班，成为皇家的御用建筑师，主持了紫禁城内的诸多重大建筑工程。《清史稿》记载：“初，明时京师有工师冯巧者，董造宫殿，至崇祯间老矣。九往执业门下，数载，终不得其传，而服事左右，不懈益恭。一日九独侍，巧顾曰：‘子可教矣！’于是尽传其奥。巧死，九遂隶籍工部，代执营造之事。”

康熙十九年（1680年）十一月，太和殿两庑渐次修复，工部请求重建太和殿。但这一提议却遭到了具有雄才大略的康熙帝的质疑。当时，平定三藩的战争正处于全面反攻的关键阶段，康熙帝指示将拟定日期顺延。康熙二十一年（1682年）二月，工部官员再次上奏，将此事提上议程，强调“太和殿为天下万国之观瞻，必应修造”，并建议立即派遣专员前往各地采伐木材。此时虽然三藩已定，崇尚节俭的康熙帝对经费问题仍很关注，“向有土司进献楠木叙责之例，这本内事情，

《皇城宫殿衙署图》局部

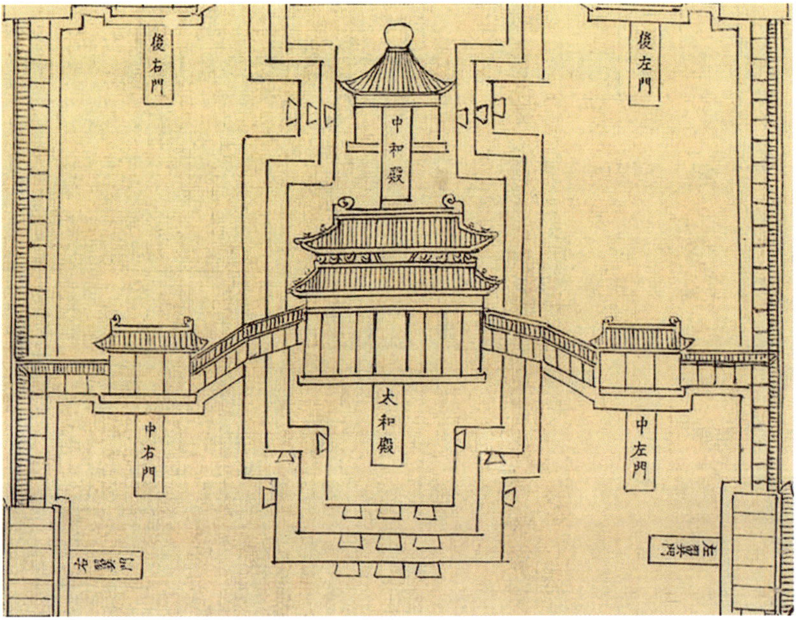

太和殿南立面

著九卿、詹事、科道一并会议具奏”。

那么，梁九对太和殿重建的贡献主要体现在哪些方面呢？

首先，他将太和殿的开间数由九间变成十一间。在古建筑领域，从平面俯视角度来看，四根立柱围成的范围称为一间房；从立面角度来看，两根立柱之间在长度方向上的范围称为开间一间房，在宽度方向上的范围称为进深一间房。清康熙十八年左右绘制的《皇城宫殿衙署图》显示，当时的太和殿面宽九间，建筑两侧为斜廊。而如今我们看到的太和殿面宽为十一间。清康熙三十四年（1695年）太和殿第五次重建时，施工材料尤其是大尺寸的楠木已经非常稀缺。主要原因在于，楠木生长范围狭小，主要分布在亚热带地区海拔一千至一千五百米的阴湿山谷、山洼及河流旁，且生长缓慢，成为栋梁之材需要上百年。之前的历代王朝，建造宫殿时几乎已将楠木砍伐殆尽。此次重建太和殿前，康熙帝曾安排人员前往江南、江西、福建、浙江、湖广、四川等地采办楠木。从康熙二十一年到二十七年(1688年)的题本记载来看，康熙帝要求不论是已经伐倒还是生长在山林里的材木，不论长短粗细，甚至包括官署拆卸的旧楠材栋梁，尽行登册俱报。他还责成南方土司和民间捐献楠材。在材料极其有限的情况下，梁九将太和殿的建筑总尺寸保持不变，将开间由原来的九间变成十一间。这样一来，很多尺寸较小的楠木也能被有效利用。

其次，梁九制作了太和殿模型。在古代，建筑施工主要依赖工匠的经验。工匠负责人通常只绘制少量的建筑示意图或基本尺寸图，与现代有专门机构提供详细建筑图纸的情况大不相同。太和殿被毁十六年后，康熙帝才下定决心重建，且工期只有两年。当时不仅材料紧缺、尺寸信息不全，而且缺乏可供参考的实物。情急之下，已经七十高龄的梁九，凭借对太和殿的记忆和高超的手艺，制作了精巧的太和殿模型，供施工人员参考。整座太和殿的建造，完全是以梁九制作的模型为蓝本，经过放大、加工并安装完成的。王士祯在《梁九传》中记载："一日，手制木殿一区，献于尚书所，以寸准尺，以尺准丈，不逾数尺许，而四阿重室，规模悉具，殆绝技也。"这表明梁九的模型制作技艺精湛，他制作的庑殿顶建筑模型，尺寸准确，气势雄伟。

再次，梁九在重建过程中展现了节俭务实的作风。康熙帝下令重建太和殿时，与沙俄的战事刚刚结束，经费非常有限。太和殿作为国家的标志性建筑，既要保证质量，又要节约材料。梁九在施工过程中严格管理，杜绝材料采购中的浪费和浮冒现象。对于已有的旧材料，他在确保安全可用的前提下，充分利用。

太和殿的柱顶石（柱子底部的石头，顶面平整，以支撑立柱）也因太和殿被烧毁而遭到损坏。经检查，金柱（外圈立柱以内的柱子）

柱顶石

的柱顶石共有四十座，其中只有一座五尺（约 1.6 米）见方的柱顶石还能使用，十二座因崩裂受损而无法使用；另外二十七座四尺至四尺五寸见方的柱顶石虽然相对完好，但若用于安立新金柱，其金边（立柱外轮廓与柱顶石外轮廓的间距，此间距不能过小，否则立柱因地震或大风易从柱顶石上脱落）不足二寸。据梁九所述，康熙八年修缮太和殿时所用的木料，都是从各处拆来的，直径大小不一，当时并未考虑金边尺寸，只将旧柱顶石酌量使用。此次重建太和殿，梁九建议去掉三十九座不堪使用的旧柱顶石，用新开采的五尺见方的柱顶石替换；另外将一座五尺见方的柱顶石加以修理，以适应新金柱的尺寸。檐柱的截面尺寸小于内柱，其柱顶石尺寸也较小。檐柱柱顶石共计三十二座，其中被破坏的，可用替换下来的旧金柱柱顶石来替补。

太和殿的檐柱和金柱合计七十二根，大部分使用的是松木而非楠

太和殿的蟠龙金柱

木。檐柱直径二尺四寸(约0.768米),金柱直径三尺二寸(约1.024米)。这些粗大的柱子并非整木，外围表面用散木包镶，采用了“分瓣拼攒”的工艺。前后里围的金柱不使用通柱，而是改用童柱（梁上所用的短柱）接高的做法，均是节约大规格木材的有效措施。一个极为明显的例子就是太和殿的蟠龙金柱，它们是以传统的包镶拼装工艺，由几块料拼成的，但质量仍然非常好。另外，在实在没有楠木的情况下，梁九征得康熙帝的同意，将太和殿的部分构件材料改用松木。尽管松木的防虫和防腐性能不如楠木，但其力学强度与楠木相近，仍能满足太和殿建筑功能的要求。需要说明的是，今天故宫古建筑修缮所使用的木材也是松木。

太和殿的屋顶有两层檐，为防止上层檐的瓦掉落后砸坏下层的底瓦，梁九安排工匠在下层檐的对应位置使用六垄铜制底瓦。底瓦的安全就此得到了保证。

此外，梁九还将太和殿屋顶的神兽数量由九个增加至十个，并将太和殿两边的斜廊改为防火墙。

清人江藻在《太和殿纪事》中记载，太和殿的重建工程于康熙三十二年（1693 年）由钦天监选定吉日正式动工，具体安排如下：

康熙三十四年二月二十五日，辰时，动土开工。

康熙三十四年八月初四日，辰时，安磉（砖石地基）。

康熙三十四年八月二十四日，巳时，竖柱。

康熙三十四年十二月十七日，辰时，上梁。

康熙三十六年六月二十一日，辰时，迎吻（正脊两端的龙头状装饰物）。

康熙三十六年六月二十七日，辰时，安吻、合龙门、插剑（吻上插剑把作为装饰）。

康熙三十六年七月十三日，卯时，合龙门、悬匾（悬挂匾额标志着建筑完工）。

在梁九的主持下，太和殿的复建工程于康熙三十四年二月二十五日正式启动，于康熙三十六年七月十三日顺利完工。

此次复建后的太和殿是第五次火灾后的重建样式，也是今天我们所看到的太和殿的样式。太和殿整体建筑雄伟壮丽，细节之处精致巧妙，构件搭接牢固可靠，令康熙帝极为满意。重建后的太和殿，除了在乾隆年间对殿内的六根蟠龙金柱重做了地仗油饰外，基本未曾进行过大规模修缮，建筑保存至今仍十分完好。我们今天走进故宫参观时，所见到的那座雄伟壮观的太和殿，正是建筑大师梁九的杰作。

嘉庆二年乾清宫火灾

乾清宫位于紫禁城后部的中轴线上，是紫禁城内廷中等级最高的建筑，也是目前已知的紫禁城内唯一一座几乎完全以楠木建造的清代建筑。在清朝，乾清宫曾是顺治帝和康熙帝的寝宫。从雍正帝开始，皇帝的寝宫迁移到宫中西北部的养心殿。乾清宫内设有金漆雕龙宝座，宝座上方悬挂着顺治帝御笔亲书的“正大光明”匾。自雍正帝实行秘密立储制以来，立储匣便放置在“正大光明”匾后。乾清宫还是皇帝召见群臣、举行内廷典礼、接见外国使臣等活动的场所。乾清宫在嘉

乾清宫内景

庆二年曾遭受火灾并被焚毁，今天我们所看到的乾清宫是嘉庆三年（1798年）重建后的样式。

火灾概况

清嘉庆二年十月二十一日晚，乾清宫突发大火，火势迅速蔓延至左右两侧的弘德殿、昭仁殿及后方的交泰殿。当时正值初冬，风干物燥，古建筑以木材为主要材料，极易燃烧。宫廷总管内务府大臣怡亲王永琅带领官员、士兵和太监极力救火。无奈火势过于凶猛，交泰殿后方的坤宁宫前檐也被烟火熏灼，所幸西北风起，坤宁宫才得以幸免于难。

据《国朝宫史续编》卷二记载，已经成为太上皇的乾隆帝面对沦为废墟的乾清宫、交泰殿、弘德殿和昭仁殿，不禁痛心疾首："本月二十一日，乾清宫、交泰殿灾。朕心悚惕，寝食靡宁。"当他看到坤宁宫幸免于难时，又不禁感到庆幸，认为这是上天的庇佑："二十一日晚间火起，时势甚猛烈，坤宁宫前檐已为熏灼所及，幸赖西北风起，而大臣等统率官员兵役，竭力汲水救护，得保无虞，足征神佛垂佑，实乃不幸中之幸。谨于本日清晨虔诚祀谢，以答灵贶。"

火灾处理

永琅等人奉旨对乾清宫失火案展开调查，发现火灾是掌火太监郝士通不慎引发的。清代皇宫内取暖所用的火盆，其未烬灼炭需要埋灭后贮于炕洞内，以备次日再用。太监郝士通为图方便，将埋闷的木炭放置在乾清宫东穿堂的楠木格旁。不料木炭复燃，引燃木格，诱发大火。等到值班首领太监发现时，火势已然迅猛难挡，乾清宫终因抢救不及，化为灰烬。据2008年故宫博物院编《史料旬刊》第一册第七期《嘉庆二年乾清宫失火案》记载，永琅等人认为应对失职人员严厉治罪："今竟疏于防范，以致失火延烧，实干重罪，自应将失火延烧之太监，及失于稽察之总管首领，及该处散众太监等，分别治罪。"

关于火灾当事人的处理，《国朝宫史续编》卷二有详细记载。乾隆帝曾言："只因承值太监等不戒于火，致有此事。现在朕虽已传位为太上皇帝，而一切政务，仍亲理训示。政事有缺，皆朕之过，非皇帝之过。即太监人等不能加意小心，大臣等将伊等按例治罪。朕引为己过，尚从宽典。"正因乾隆帝的宽仁态度，宫中对失职人员重新做了如下处理：将主犯太监郝士通的绞刑改为"应绞监候秋后处决"；将首领太监张士太、刘顺和王进禄三人的绞刑免去，改为发配至黑龙江，给索伦达呼尔为奴；不再执行对二十二名太监的遣散，改为分别责罚；对负责东暖阁的太监李从样和孙天成二人，重责四十大板，发配至吴甸铡草三年；对张宽等二十名太监，重责四十大板，随后交由总管分拨，继续当差效力；革去总管太监顾进朝的总管职务，命其仍回瀛台，在太监上当差，罚没钱粮六年；革去总管太监萧得禄、张进喜、刘芳和佟玉明四人的顶带，罚没钱粮四年，以示薄惩。与此同时，嘉庆帝也对此次救灾中表现得力的人员进行了奖赏：五名救火有功的首领太监，每人获赏小卷缎五件、丝缎一件，其余二十一名太监每人获赏银二两，以示嘉奖。

乾清宫失火期间，各门洞开，人众嘈杂，甚至有人发现一名汉军披甲在一个门洞内藏匿了两天。王公大臣进入内廷区域尚且不容易，更别提普通的官兵杂役了。这一事件充分暴露出内廷安全管理方面存在漏洞。乾隆帝得知此事后，下令加强宫中的警卫值守，规定未经许可之人，一律不得进入内廷；遇到火情时，管门的官员应对救火人员进行核实，救火人员必须持有专用的标志牌，方可获准进入指定区域。

工程复建

火灾后不久，太上皇乾隆便下旨重建乾清宫等建筑。《国朝宫史续编》卷二记载："所有应修工程，著该管大臣等于春融集料兴工，即行修葺完善，诸复旧规，不必加意，用垂亿万年无疆之庆，将此通谕知之。"

经过一系列的备料等准备工作，嘉庆二年十一月二十八日，乾清宫、交泰殿的重建工程正式开启。重建工程最急需的材料是木材，清廷原本打算通过采购的方式置办楠木等大木料，但在实际采购部分大尺寸构件时，遇到了诸多困难，于是便拆用其他建筑的木材来解决问题。据2008年故宫博物院编《史料旬刊》第一册第七期《嘉庆二年乾清宫失火案》记载，当年十一月初一，军机处发信札给河北献县知县，内容如下："照得乾清宫工程现需购办木植，闻得该县交界处所有魏公、张家庄大庙一座，木料似乎合用。兹特派内务府郎中德庆带领匠作人等前往相度，为此札仰该县知悉。札到，该令立即会同前往查看，是否合式应用之处，听候核办。事关紧要工程，毋得刻延。"

嘉庆三年十月初十，乾清宫、交泰殿的重建工程圆满竣工。太上皇乾隆亲临现场，举行了祀神仪式。随后，乾隆带领嘉庆帝和王公大臣一同进宫，仔细察看了重建工程。据《清高宗起居注》卷四十二记载，乾隆看后对成果极为满意，随即降旨嘉奖："自上年腊月底择吉安梁，今岁春融兴工，秋仲即已告成，并不费采购之烦，办理妥速，允宜甄叙示奖。除总理工程事务和坤、福长安业因军功从优加恩，毋庸议叙外，其监修之总管内务府大臣缊布、盛住交部议叙。至在工监督各员，著和坤、福长安分别等第，其列为一等者，从优议叙，余著照例议叙，所有匠头等，亦著分别赏给缎匹，用昭恩奖。”

光绪十四年太和门火灾

位于紫禁城中轴线南部区域的太和门，是前朝三大殿的正门，也是紫禁城外朝宫殿的标志性入口。它始建于明永乐十八年，初名奉天门，清顺治二年更名为太和门。清光绪十四年，太和门被焚毁，一年后得以重建。太和门面宽九间，进深四间，上覆重檐歇山式屋顶，是紫禁城内规模最大、最为壮丽的门座建筑。明清两代，太和门是举行重要活动的场所，也是出入要道。太和门在清光绪十四年遭遇了一场火灾。我们今天所看到的太和门，是清光绪二十年重建的。如果以1911年为界，将1911年之前视为古代，那么太和门是紫禁城里最“年轻”的古建筑。

太和门立面

火灾概况

据《大清德宗景皇帝实录》卷二百六十三记载，光绪十四年十二月十五日夜间，贞度门突发火灾，火势蔓延至太和门及附近库房等处。光绪帝的老师翁同龢亲历了这场灾难。十二月十六日清晨，翁同龢接到消息后，急忙驱车从午门左掖门进宫。此时贞度门的屋架已被烧毁，墙柱正在燃烧。太和门广场的内金水河被冻住，救火人员凿冰一尺才能取到水。此时火势已从贞度门向东蹿入太和门的屋檐，致使建筑四面均被大火吞噬。由于水源不足，救火的水龙无法充分发挥作用，救火人员也难以靠近太和门，太和门很快被烧毁。火势继续向东扩张，连续烧毁了武备院的五间房及昭德门。救火人员随即拆掉了昭德门东屋端头的梁架，这才阻挡了火势的继续蔓延。十二月十七日，翁同龢再次来到太和门，看到现场还在冒烟，砖石被烧得红透，救火人员仍在给水龙灌水灭火。此次火灾造成了太和门、贞度门、昭德门及周边多座库房被烧毁。

关于此次火灾，《翁同龢日记》中有如下记载：

> 昨夜大风，五更止。平日早醒，是日独酣睡。仆辈呼余起，曰大内火，又曰贞珠门。急起饭而登车，驰入始知贞度门……由左掖门入，踏雪难行，至则门罩三间已落架，墙柱尚燃。余与福公、庆邸皆曰断火道，而莫之应也。门之西曰皮库，东则茶库。皮库尚开门出灯笼，茶库扃锁尚严，而火已穿入矣，人未知也！余出太和门，观金水桥下水，凿冰一尺，才得数寸水，机筒不得力。遂至朝房小坐。甫一刻，则火已透茶库，上太和门檐，趋视则一门四面皆烈焰矣，何其速哉。人力难施，水又短缺，须臾越而东，

毁武备院毡库五间，又东焚昭德门。惟时撤昭德门东边屋，屋坚固不能动，锯之斧之仍拽不倒。于是传工匠撤尽东头两间，凡两时许始将梁柁拽下，而被伤者近十人矣。火至昭德门，忽回旋不东突，撤屋者因下手，不然烬矣。余又至朝房坐。再往火如故。未正驰回饭，饭罢复入，屋已撤三间，火道已断，柱犹冒火，余烬仍熊熊……

这场大火一直持续到十七日才被扑灭。为了阻断火势的蔓延，救火人员不得不拆毁了一批东库房和西库房的建筑。

火灾处理

据中国第一历史档案馆藏《军机处录副奏折·审讯贞度门值班官兵供情》记载，此次火灾主要由人为原因造成。十二月十五晚，护军校宝山带领十名护军在贞度门附近值班。其中，富山和双奎两名护军因年龄较大，被安排在贞度门内值守，其余八名护军在周边巡逻。护军值班处夜晚通常不会熄灯，当晚，富山和双奎二人将一盏洋油灯挂在贞度门东山墙的后檐柱上。深夜时分，二人困意渐浓，打起了瞌睡。十六日丑初（凌晨 1 点左右），洋油灯引燃了立柱，而二人却毫无察觉。不久，护军德彝在巡逻时发现贞度门东山墙立柱起火，立刻呼喊救火。当时正刮着西北大风，火势迅速蔓延，蹿至太和门，进而引发多座建筑起火。

火灾后，光绪帝宣布了赏罚措施。据中国第一历史档案馆编《光绪朝上谕档》光绪十四年十二月十七日记载，光绪帝颁布旨意：对参与救火的王公大臣予以封官进爵；参与救火的兵丁、匠役每人赏银二两；十五个参与救火的水会（民间消防组织）共赏银一万两；各木厂工匠赏银一千两；受伤的兵丁和匠役每人追加赏银十两；将对火灾负有直接责任的值班章京和护军移交刑部进行严厉审讯并按律定罪；将与火灾相关的失职官员交由吏部拟定处罚办法。

《载湉大婚典礼全图册》中的太和门

不巧的是，光绪大婚定在十五年正月二十六日，时间上仅剩下四十余天，而太和门是大婚时皇后的必经之地。太和门内设有丹陛大乐，皇后的凤舆陈放于太和门阶下，内阁官、礼部官手捧金册、金宝沿着中轴线进入太和门，再行至太和殿阶下。光绪大婚的颁诏礼中，皇帝大婚的诏书被放置在云盘内，由礼部官员护卫，从太和门出，经午门至天安门。重建太和门已来不及，于是慈禧下令召集北京的扎彩匠和棚匠，利用纸张、竹竿、绸缎等材料，在原址上夜以继日地搭建了一座纸糊的太和门。据民国学者章乃炜在《清宫述闻》中的记载，在能工巧匠的裁剪下，新搭设的彩棚在外观、尺寸上与原来的太和门几乎完全一致，无论是房梁椽子上的花纹纹饰、屋脊大吻和小兽的造型，还是瓦面的曲线形状及瓦垄的间隔，都“复建”得惟妙惟肖。即使是在朝任职的官员，路过太和门时，都不易察觉这是一座纸糊的建筑。即使在刮大风时，这座纸糊的建筑几乎都不会摆动。在我国传统民俗中，纸糊的建筑常用于白事活动。纸糊的太和门给晚清政府蒙上了一层阴影，似乎预示了清朝的灭亡。

加强管理

火灾后，光绪帝发布谕令，要求加强防火管理，修改火班章程（防火规定）。《光绪朝上谕档》光绪十四年十二月十七日记载："紫禁城向来设立火班官兵，备豫不虞。近年以来，日就废弛，器具等项亦不全备，亟应认真整顿。著军机大臣、总管内务府大臣会同步军统领衙门妥议章程具奏。"

经光绪帝批准，清宫制定了新的火班章程八条，主要内容包括：

其一，除步军统领衙门步军一百名仍保留外，其余护军营、銮仪卫的兵丁均予撤回。由内务府苏拉处挑选年力精壮的民役、苏拉二百人，专充激桶兵，分为两班，五日一换，另选苏拉头目二十名，充当激桶咀子之差，随班更替。每晚演习一次，演毕将激桶添满，以备次日激打。苏拉为清代内廷机构中负责勤务的差役；激桶为清代的一种消防设施，用于取水和喷水灭火。

其二，仿照水会局的规模，采买头号洋激桶四架、二号洋激桶四架、号衣三百二十件、长杆号灯三十二枝、提杆小灯一百六十个、催水旗八十杆、随上油水筐八十副，另备水筐一百二十副、长短木梯各四架、长杆水筐箩八十副、抬水筐箩八副、铁矛八副、挠钩二十杆、柳罐八十个、铁锯八副、镢头二十把，以备应用。

其三，内务府激桶兵在紫禁城内武英殿前值房住班，步军营火班官兵移至东、西华门外大连房，各分五十名东西住宿，均归稽查火班大臣统辖调遣。

其四，新设津贴：激桶官每人每日银二钱，激桶兵头目每人每日一钱五分，激桶兵每人每日一钱。

其五，教练火班：内务府激桶兵由苏拉处派内管领二员、副内管领四员，轮流值班，管辖教练；步甲激桶兵由步军统领衙门派地面官四员，轮流值班，管辖教练。

其六，皇帝钦派大臣数人专管火班事务，督察官兵演习器具，稽查值班官兵勤惰，奏参疏懈兵丁，责革旷误人员。

其七，宫内各处的吉祥缸（室外盛水的铜缸或铁缸）分别由关防衙门、新设激桶处的苏拉每日轮流添水，并派司员四人，每五天检查一次。

其八，除午门等十四处值班官兵遇事不准派拨外，左冀门等二十三处护军、内务府朱车（警卫）三十二处披甲，遇事均须派拨一定数量的人员到现场，听候火班统率大臣调遣。

工程复建

太和门火灾后，光绪帝迅速召集大臣商议复建事项。据《大清德宗景皇帝实录》记载，光绪十四年十二月十八日，光绪帝召见军机大臣等官员，询问太和门修缮事项，要求工部、内务府核实所需工料。光绪十五年（1889年）六月初五，光绪帝命大学士额勒和布、礼部尚书李鸿藻为太和门复建工程负责人。中国第一历史档案馆藏《军机处录副奏折·工程类》光绪十五年卷记载了太和门复建工程的材料来源。

在太和门被焚毁之前，其大木构架的材质选用的是楠木，然而楠木多生长在湖南、四川等地的深山老林里，成材周期长，采木极为不便。因此，工部提出了一个合理的建议：对于截面尺寸较大的木构件，如立柱、大梁等，改用黄松；对于截面尺寸较小的木构件，如角梁、斗拱等，改用柏木；而门窗等装饰性木构件，则改用椴木。

石料多用于台基、栏板和柱础，在火灾中损坏较少。柱顶石因其完好的程度较高，得以被重复利用；栏板、台基所用的石材，经过精心挑选，有三成被重复利用，其余部分则采用新料。新料一般取自北京西南郊的房山大石窝村。

地面金砖由苏州陆慕御窑村重新烧造，下碱墙砖（整砖露明、采用磨砖对缝的做法）则指定使用“汤泉烧造”的砖，其余的砖由山东临清御窑厂烧造。

琉璃瓦由工部督促京西郊琉璃渠村窑厂烧造。此外，门钉、兽面、门窗装饰等所用的铜制构件，均由内务府造办处负责烧制。

太和门的复建工程于光绪十五年六月十六日开工。故宫博物院珍藏的《重修太和门等三门彩色立面图样》是当时样式房的技术人员绘制的施工参考图纸。该图长 1.6 米，宽 0.52 米，绘制的是太和门、贞

《重修太和门等三门彩色立面图样》（从左至右分别为贞度门、太和门、昭德门）

度门、昭德门三门重建时的参考样图。其中，红色部分为门和柱，绿色部分为檩枋及斗拱，黄色部分为瓦顶。图上的标签文字分别说明了新建、补修、拆修的部位，标注了建筑的基本尺寸和施工做法说明，具有一定的参考价值。

复建工程历时较长,其间竟然出现了扰乱工程施工的事件。据《大清德宗景皇帝实录》卷二百九十九记载，光绪十七年（1891年）七月二十五日，光绪帝接到奏报：一批匪徒冒充木匠，强行混入施工队伍，阻挠施工，甚至持刀威胁施工人员，索取赎金，致使工程停工数日。光绪帝要求步军统领衙门、顺天府、五城御史联合缉拿匪徒，并从重治罪。在昔日守卫森严的紫禁城里，竟然出现了扰乱工程的匪徒，这一事件足以反映出晚清政府管理的混乱。

光绪二十年四月，经过近六年的时间，太和门复建工程基本完工。在六至八月间，内务府对工程进行了细致的验收，并陆续接管了相关建筑。

由于光绪时期的火灾与重建，太和门成为紫禁城里年代较晚的建筑。这座“新”太和门是紫禁城六百余年丰富而沧桑历史的见证。

民国十二年建福宫火灾

建福宫位于故宫的西北角区域，始建于清乾隆年间，是故宫内一处极具特色的花园。园内建筑以延春阁为中心，北有敬胜斋和静怡轩，南有堆山小亭，西有碧琳馆，东有游廊及建福宫、抚辰殿等建筑，融合了宫、殿、楼、阁、斋、堂、亭、轩等多种建筑形式，兼有假山与绿植巧妙点缀，形成了宫中难得的休憩之地。民国十二年六月二十七

建福宫花园内景

日，建福宫内发生了一起非常严重的火灾，造成大量建筑和珍宝被毁。然而，关于这场火灾的起因，众说纷纭。

火灾及救火

1923 年 6 月 27 日凌晨 1 点，清宫内突发大火。据《申报》1923 年 6 月 28 日第四版报道，由于神武门值守人员不放救火人员进宫，大火持续烧到凌晨 3 点。起火地点是神武门内中正殿后的佛楼，寿安宫、寿康宫受到波及。火灾发生时，溥仪夫妇到景阳宫躲避。当日报纸第六版的《特约路透电：紫禁城大火》一文，进一步说明了火灾的发现过程及扑灭方式。溥仪是第一个发现火灾的人，他迅速报了火警。宫中卫队不允许宫外人员进宫救火，一方面是因为担心他们进宫抢劫，另一方面是因为尚未征得溥仪的同意。经过长时间的磋商，宫门才终于打开，军警得以进宫救火。但此时，火势已几乎无法控制。最终，通过砍倒大树、拆毁小屋的方式，才阻断了火势的蔓延，使得大火能够被消防器材扑灭。

1923 年 6 月 30 日，《申报》第十版报道，卫戍总司令王怀庆、步军统领聂宪藩、警察总监薛之珩在得知火灾消息后，均乘车前往失火

砍倒的大树（1923 年）

地点，督率灭火工作。他们安排了多队军警把守在西华门和神武门，禁止行人往来；同时规定各水会及消防队必须佩戴指定徽章，才能进宫救火。

1923 年 7 月 1 日，《申报》第十版的《清宫大火灾详记》一文详细记录了当时的火灾场景及扑火过程。火灾发生时，皇宫周边的民众目睹了“红光满天，火焰高至十余丈”的场景。火灾现场只见“巨火由正殿楼上蔓延烧起，二丈外尚有极烈之热度逼人，不能久立”，“火星乱迸，飞舞空中，飒然而落叶，且皆带火焰”。各水会的消防队赶到神武门门口，卫戍总司令王怀庆，步军统领聂宪藩，警察总监薛之珩，提督三堂田德山统带、高桂臣督察等人也赶到了神武门。然而溥仪依据家训，认为外人不得进宫。在内务府总管绍英的反复劝说下，溥仪才勉强同意，但要求救火人员绕行，从东华门进宫救火。此时，大火已经肆虐了两个多小时。绍英在现场担任救火总指挥，组织各路人员展开扑救。由于火势过于猛烈，消防队的扑救措施显得无济于事。当日报纸载:“当由消防处左右两翼年田两统，率技士救火器直入建福宫门内，放水喷射，无如火势太猛，所有激射之水，尽被火力化作白气，颇不济事。”此时，溥仪的英文教师庄士敦也来到了建福宫。溥仪请庄士敦给意大利使馆打电话求助。十分钟后,意大利消防队赶到,只见“即有义（意大利）国消防技士男女七八人，携来消防机器，由东华门驰入，向火场喷水激射。幸义人之机器异常锐利，喷出水线，犹如瀑布，因此火势乃渐缩小，直至日出后六时，始脱出火势蔓延之险”。

建福宫的建筑以木材为主要材料，不仅易燃，而且火势蔓延迅速，最终，通过拆房砍树的方式，才阻断了火势的蔓延。火势原本并不算大，但由于溥仪阻挠宫外消防人员进宫，耽误了扑救的最佳时机。当时宫内的消防队伍无论在人员管理方面，还是在扑救设施方面，都非常落后。

火灾损失

建福宫大火造成了惨重的损失。据《申报》1923 年 6 月 28 日第四版报道，此次火灾烧毁了中正殿、香云亭、建福宫、得月轩、光深楼、静怡轩、延春阁等百余间房屋，损失超过千万银元。同一天第六版的《特约路透电：紫禁城大火》一文指出，火灾共毁屋一百二十间，

建福宫火灾遗迹

延春阁灾后残迹（1923 年）

所幸无人员死伤，但大量无价之宝的美术品，如历代御像等，均被焚毁。1923 年 7 月 3 日，《申报》第七版的《清宫大火余闻》一文进一步披露，据绍英统计，被焚毁的建筑包括德日新殿七间、延春阁七十二间、静怡轩七间、东西廊子各七间、广盛楼七间、中正殿后佛楼十间、中正殿五间、香云亭东西配殿各五间。建福宫所藏历代帝王御像、中正殿所藏历代版本均被焚毁。原宫内所藏六千余件珍宝，当时从火中抢出的仅三百余件，其余五千余件均被烈火吞噬。

溥仪在《我的前半生》中提到，内务府曾给他一笔“糊涂账”，声

延春阁（2002 年复建）

称火灾焚毁金佛 2 665 尊、字画 1 157 件、古玩 435 件、古书几万册。溥仪怀疑这些数字是太监们随意凑出来的，建福宫到底有多少文物被烧毁，“只有天晓得”。书中还提到，内务府清理火场后剩下的残渣里，包含了不少烧熔的金、银、铜、锡。北京一家金店以五十万元买到了这堆残渣的处理权，从中挑拣出黄金一万七千两。由此可见，火灾造成的珍宝损失是无法估量的。

火灾原因

1923 年 6 月 28 日,《申报》第六版刊载了《特约路透电：紫禁城大火》这篇报道。文中提到，建福宫的火灾原因众说纷纭，其中以走电居多，即火灾很可能因电线走火引发。紧接着，在 1923 年 6 月 29 日《申报》第六版的报道中,步军统领聂宪藩、警察总监薛之珩均表示，火灾是由电线走火引发的。然而据知情者透露，或许存在古董商勾通太监盗取宫中宝物的嫌疑。1923 年 6 月 30 日,《申报》第十版再次报道了此事。据称，火灾原因尚未查清，但是火灾是从中正殿后面的佛楼开始的，因此负责管理中正殿事务的大臣溥伦、那彦（疑为熙彦)、耆龄三人，将因失职而受到处罚。

1923 年 7 月 1 日,《申报》第十版《清宫大火灾详记》一文将建福宫火灾归结为三个可能的原因。其一是有太监平时监守自盗，将宫中的宝贝私自拿出宫变卖，因害怕事情败露，便点火烧掉收藏宝物的建筑。不料火势蔓延，殃及大量其他建筑。类似事件还有守卫咸安宫的兵员（由禁卫军改编而成）偷盗了咸安宫内四十余件贵重宝物，这些守兵已被交付法庭，等待审判。其二为偷盗（非自盗）者所为。中正殿内原有一座金佛爷，佛爷头顶有价值昂贵的宝珠，早有觊觎者苦于没有机会，而中正殿失火时，宝珠已不知去向，由此推测可能是偷盗者为销毁罪证而蓄意放火。其三是电线走火将屋顶引燃，进而延及其他宫殿。

1923 年 7 月 3 日,《申报》第七版《清宫大火余闻》一文登载，6 月 29 日，聂宪藩、薛之珩就建福宫火灾事件发出通电，公布火灾情形：6 月 26 日晚 12 点，神武门内电线走火，火势从德日新殿内开始蔓延，迅速扩大，经全城军警长官率消防队员扑救，于 6 月 27 日早 7 点将大

溥仪、婉容、庄士敦等人的合影

火扑灭。

官方最终的统一说法是：建福宫火灾的起因为电线走火。然而，溥仪和庄士敦认为，建福宫火灾实为太监蓄意纵火引发。

溥仪在《我的前半生》中表达了他对火灾原因的看法。他认为，建福宫火灾是太监蓄意放火所致。溥仪回忆，十六岁那年，他让太监打开建福宫的一座库房，库房内堆满了高至天花板的巨大箱子，箱皮上贴着嘉庆年间的封条，里面是什么东西，谁也说不上来。太监打开其中一个箱子，溥仪看到里面全是极其精美的古玩玉器和手卷字画。

溥仪后来得知，建福宫珍藏的大多是乾隆帝生前喜爱的珍玩，它们后来被嘉庆帝装箱，存放在建福宫里。溥仪的老师庄士敦曾经告诉溥仪，在他居住的地安门街上，新开了许多家古玩铺，有的是太监开的，有的是内务府官员或官员的亲戚开的。庄士敦还曾建议溥仪清点建福宫内的宝物。溥仪刚开始清点，建福宫就失火了，清点过的和尚未清点的宝物，都被大火吞噬殆尽。溥仪推测，很可能是偷盗的太监怕事情败露，故意放火烧毁的。不久之后，在养心殿东套院无逸斋（现已无存）的窗户上,发现了一团浸过煤油的燃烧后的棉花。尽管火势被扑灭，但人为纵火的迹象十分明显。溥仪在书中明确表示："偷窃和纵火灭迹都是事实，师傅们也没有避讳这一点。"

1923 年 7 月 23 日，《申报》第二版《清宫驱逐太监之原因》一文分析了溥仪驱逐太监的两个原因：一是嫔妃淫乱，二是后宫失火。太监首领小王三等人招供，由于溥仪追查宝物过严，他们交代不了，于是放火以毁灭痕迹。

庄士敦在《紫禁城的黄昏》中表达了与溥仪相似的观点。书中记载，建福宫火灾之后，溥仪从该宫首领黄进禄的口中审问出太监们多次在建福宫偷盗宝物的事实，养心殿总管邵兴禄也被牵扯其中。不仅如此，消防队救火队员回忆，在救火现场闻到了浓重的煤油味。从这些例证来看，太监放火的可能性很大。

后续

太监在宫中频繁盗宝，引起了溥仪的不满。建福宫火灾事件促使溥仪痛下决心驱逐太监出宫。1923 年 7 月 3 日，《申报》第六版登载，建福宫火灾事件后，七名太监因嫌疑重大被拘捕。1923 年 7 月 17 日，

《申报》第四版登载，7 月 16 日，溥仪下令将宫中上千名太监驱逐出宫，仅留下十名太监负责看守房屋。

1999 年，故宫博物院启动了建福宫花园复建工程。复建工程主要得益于中国香港企业家陈启宗先生担任主席的中国文物保护基金会（香港）的资金支持，基金会通过中华文物交流协会，为复建工程提供了四百万美元的捐助。复建工程包括建福宫花园及建福宫后半部分的建筑，占地面积 3 850 平方米，复建建筑面积四千余平方米，由故宫博物院承担该施工项目。2006 年 5 月，建福宫花园复建工程顺利竣工。

唧筒

麻搭

第三章

明清宫廷的防火管理

紫禁城在历史上曾多次发生火灾，明清帝王采取了多种管理措施来防范火灾，如严格限制生火做饭、安排专人夜间巡逻等。此外宫中还流传着真武大帝“显灵”灭火的传说。帝王会表彰和奖励尽职尽责的官员，罢免因疏忽导致火灾的官员。明代紫禁城里尚未设立消防队，清代的消防队则逐渐完备。此外，皇帝还下令禁烟，这对减少紫禁城内的火灾起到了显著成效。

明清宫廷的防火逸闻

紫禁城里有许多与防火相关的逸闻。在明代，宫中各值房曾明令禁止生火做饭，以杜绝火灾隐患。明清两代，宫中夜间都安排了专人巡逻，一旦发现火情便能及时报告并采取措施。御花园内的钦安殿，几乎从未遭受过火灾，传说这得益于殿内供奉的真武大帝的庇佑。明嘉靖年间，大高玄殿遭受火灾。火灾发生后，忠臣杨爵等人因这场火灾意外被释放。乾隆年间，郡王弘瞻因在灭火过程中不尽责而被免职。

宫中做饭与防火

明代早期，紫禁城的各值房严格禁止生火做饭。明人刘若愚的《酌中志》载："又先是各值房饮食都从河边等处做成，抬入宫，以炭火热食之，不敢煤灶也。"司礼监掌印、秉笔太监和乾清宫提督、管事牌子的日用饭食，都是在河边等处做熟后担抬入宫的。宫中特别设置了铁叶钉成的火池，加入木炭进行加热，但禁止使用煤灶。即使是资历深厚的大学士，也必须在宫外用完饭食后才能进宫办事。这些规定都是为了减少火源，避免火灾的发生。曾有这样一个故事：一天，宣德帝朱瞻基命令太监去看看阁老们在做什么。太监回禀说，他们刚退出去，在宫外吃饭。宣德帝问道，他们为何不在宫里吃饭？太监说，宫中不让用火。宣德帝于是指着庭院中的空地说，院子当中可以设置厨房，于是下令允许阁老们在此烹煮膳食。自此以后，阁老们才不用退到宫外用餐。

到了天启年间，原本严格的防火规定逐渐被忽视，各宫值房均可生火做饭。《酌中志》载："值房各具宽大茶厨房，双煤灶，访善烹调内官答应，似面店酒铺，煤火烈焰，爆炒煎炸，互相请召。而上下因循，日甚一日，全不以火烛为戒。"由此可见，天启年间宫中的防火管理极为松懈，值房内均配备了厨房，且普遍使用煤火，这无疑为火灾的发生埋下了隐患。明朝中后期火灾较多，与宫中松弛的防火管理有着不可分割的关系。

清康熙十八年十二月初三，六名太监在御膳房内用火不慎，引发了一场火灾，太和殿被焚毁。这是一场由宫中做饭引起的特大火灾。康熙帝对此震怒不已："放火之罪不赦。此等人在禁地不小心谨慎，致此大变，虽已遇赦，不容宽免，仍依议治罪。"此处的"大变"指的是当年七月二十八日发生的特大地震，震中位于河北省大厂县夏垫镇，震级约为8.0级。此次地震造成数万人死伤，大量建筑受损。康熙帝下令大赦天下，但这六名太监全部被处以绞刑。

为了杜绝类似火灾的发生，《国朝宫史》卷三记载，雍正帝于五年（1727年）十一月二十三日颁布圣旨："宫中火烛，最要小心。如日精门、月华门向南一带，围房后俱有做饭值房，虽尔等素知小心，凡事不可不为之预防。可将围房后檐改为风火檐，即十二宫中大房有相近做饭小房之处，看其应改风火檐者，亦行更改。"日精门、月华门分别是乾清宫东庑房、西庑房的门廊，东西向设立，彼此相对。雍正帝所说的

日精门（对面为月华门）

风火檐又称封后檐，是指古建筑的后檐墙不开设门窗的做法，其主要功能是防止火势蔓延。

宫中巡逻与防火

为了及时发现火情并组织扑救，宫中安排了巡逻人员，及时提醒宫中众人注意防火。《酌中志》载："凡遇有风之日，即轮一人，大声巡警曰：'谨慎灯烛，牢插线香。'严慎如此。"这是巡逻人员在提醒烧香之人，在大风天气要格外小心，防止香中的火星被风吹至易燃物上，从而引发火灾。

在明代，今故宫神武门东长房附近的廊下家是答应、长随等御前近侍太监的居所。答应、长随在巡逻时，一旦发现宫中有异常亮光，便会立刻通知相关人员，做好灭火的准备。此外，《酌中志》中还提到，宫中有数十名"当差听事"的太监，他们"夜则轮流叫火巡风，隔门缝听传使令，忙苦可怜"，为夜间及时发现火情提供了人员保障。

到了清代，夜巡防火的规定更加严格。《国朝宫史》中记载，宫中内廷各处，每晚应有太监打更，且在起更时，太监首领必须进入各宫检查灯火，检查完毕后随即出宫锁上掖门，并向敬事房（负责管理太监和宫女事务的机构）报告。对于那些在打更时贪睡或不尽责的太监，规定了严厉的处罚措施：首领太监罚俸四个月，普通太监则重罚四十板。

这种太监夜晚打更提醒注意防火的做法一直延续到晚清。末代皇帝溥仪在《我的前半生》第二章中回忆道："每当夕阳西下，禁城进入了暮色苍茫之中，进宫办事的人全都走净了的时候，静悄悄的禁城中央——乾清宫那里便传来一种凄厉的呼声：'搭闩，下钱粮（下锁），灯火小——心——’随着后尾的余音，禁城各个角落里此起彼伏地响起了值班太监死阴活气的回声。”溥仪认为，这是康熙帝给太监们规定的例行公事，目的是让他们保持警惕，确保宫中的安全。

从未失火的钦安殿

紫禁城虽多次遭受火灾，但有一座建筑却鲜有火灾记录，它便是钦安殿。钦安殿始建于明代永乐年间，位于紫禁城中轴线北侧的御花园里。嘉靖十四年（1535 年），钦安殿添建墙垣后形成了独立的院落格局。据文献记载，永乐帝下令修建钦安殿，他宣称得到过真武大帝的庇佑。传说洪武帝朱元璋平定天下时曾得到真武大帝的帮助；朱棣征战时，也曾目睹真武大帝显灵。因此，永乐帝下令建造钦安殿，在其中永久奉祀真武大帝，祈求神灵永远保佑苍生百姓。永乐帝自诩为

钦安殿正立面

玄武造型

真武大帝飞升五百岁之后的再生之身，在他的推动下，宫中对真武大帝的信仰盛行一时。

钦安殿内供奉的真武大帝，是道教中代表北方的神灵。古人认为，北方七宿由龟蛇缠绕一体的形象所代表，而真武大帝正是这一形象的化身。古人观察天象时发现：每年十一月冬至前，水星会出现在北方，此时正值隆冬时节，万物蛰伏，地面上唯有冰雪，因此北方属水。真武大帝作为北方之神，也被视为水神，他守护紫禁城的建筑，使其免遭火灾的侵袭。

自钦安殿供奉真武大帝后，紫禁城虽多次遭受火灾，许多宫殿被焚毁，而钦安殿却几乎从未被波及。特别是嘉靖年间，紫禁城再次遭遇大火，竟有太监声称目睹真武大帝现身钦安殿顶协助灭火。

溥仪在《我的前半生》中回忆，御花园钦安殿西北角的台阶上，曾放置着一块砖，砖下有一个形似脚印的凹痕。太监们告诉溥仪，嘉庆年间乾清宫失火时，有人看见真武大帝从钦安殿走出，站在台阶上，朝失火的方向轻轻一指，火焰顿时熄灭，而那个脚印便是真武大帝灭火时留下的。童年时期的溥仪，对这个故事深信不疑。

杨爵因火灾获释

杨爵是陕西西安府耀州富平县人，是明代中期的一位忠臣。据《明史》记载，嘉靖帝多年不理朝政，民间连年旱灾，而他却忙着举行斋醮，修立雷坛，大兴土木。方士陶仲文加官宫保，太仆卿杨最进谏而死，翊国公郭勋受宠掌权。嘉靖二十年（1541 年）正月初一，京城下小雪，大学士夏言、尚书严嵩等人作颂称贺。时任河南道试监察御史的杨爵抚胸叹息，夜不能寐。

同年二月初九，杨爵上疏，向嘉靖帝提出了五点批评意见。其一，辅臣夏言、严嵩等人对于灾变不忧反喜，将不祥之兆视为祥瑞而称颂，当面阿谀奉承，欺君罔上，导致士风沦丧，人心颓废。其二，街头处处有饥民，而宫中的土木工程十年未止。其三，皇帝数年很少上朝，经筵讲席久废。其四，皇帝崇信方术，将妖诞邪妄之术引入宫禁之中。其五，皇帝阻塞言路，而古今帝王皆是从谏而兴，拒谏而亡。

嘉靖帝素来深恶直言之人，朝廷内外互相告诫，不敢轻易触碰嘉靖帝的忌讳。杨爵上疏时，言辞犀利地抨击了符瑞迷信。嘉靖帝震怒，当即将他投入狱中拷打。五年过去了，杨爵依然被囚禁在狱中。狱卒因无法揣测嘉靖帝的真实意图，禁止杨爵的家人给他送饭。杨爵多次濒临死亡，但始终处之泰然。嘉靖二十一年，工部员外郎刘魁因直言进谏而被拘禁，五年后仍未获释。嘉靖二十二年（1543 年），给事中周怡也因言事而被拘禁，同样五年未被释放。

嘉靖二十六年十一月，大高玄殿突发火灾，嘉靖帝在露台上祷告祈福。火光中，他似乎听到有人在高呼杨爵、刘魁、周怡三人是忠臣，于是传诏急速释放了他们。大高玄殿的这场火灾，让杨爵等人在九死一生中逃过一劫，重获新生。

乾隆帝因救火不力贬斥弘瞻

九州清晏为圆明园四十景之一，位于圆明园西部，前、后湖之间，是清代帝后的寝宫区，也是圆明园最早的建筑群之一。其名寓意九州大地河清海晏，天下升平，江山永固。

九州清晏殿烫样

乾隆二十八年（1763 年）五月初五本是端午佳节，但这一天九州清晏却突发大火，火势一度非常凶猛。当时正在园中居住的乾隆帝闻讯后，立即赶至火场指挥救火。军机处官员、兵部官员、禁卫护军和皇室诸王也在第一时间赶到火场，与官兵们一同救火。尽管防范火班兵力不足、设备简陋，但众人齐心协力，汲取前湖之水，终将大火扑灭。

警钟大作之下，个别王亲贵族却姗姗来迟，特别是“圆明园阿哥”弘瞻。弘瞻是果亲王，居所距此不远，但他不仅来得晚，而且在火灾现场嘻嘻哈哈，置身事外。弘瞻是乾隆帝最小的弟弟，平时深得乾隆帝的照顾，他此刻的表现却让乾隆帝极为愤怒。他严厉斥责弘瞻，指出他家就在附近，如果快马扬鞭，片刻就能赶到火场，但弘瞻却姗姗来迟。乾隆帝还批评弘瞻到了现场后不仅不参与救火，反而与他人嬉笑打闹，认为这实在不成体统。乾隆帝回到正大光明殿后，颁下圣旨，革去弘瞻的亲王爵位，将他降为贝勒。

弘瞻回到家后，终日闷闷不乐，不愿与他人相见，竟然抑郁成疾。两年后，弘瞻病重，乾隆帝前来看望他，心中十分痛心。乾隆帝对弘瞻表示，当年革去他的爵位，没想到他因此得了重病。乾隆帝希望弘瞻不要过于自责，知错能改就好，并决定恢复弘瞻的亲王爵位。弘瞻在病床上叩谢皇恩。不久，弘瞻病逝，乾隆帝深感悲痛，追封他为“果恭郡王”。

据《清史稿》记载：“二十八年，圆明园九州清晏灾。弘瞻后至，与诸皇子谈笑露齿，上不悦。又尝以门下私人嘱阿里衮。上发其罪，并责其奉母妃俭薄，降贝勒，罢一切差使。自是家居闭门，意抑郁不自聊。三十年三月，病笃，上往抚视。弘瞻于卧榻间叩首引咎，上执其手，痛曰：‘以汝年少，故稍加拂拭，何愧恧若此？’因复封郡王。旋薨，予谥。”

紫禁城与禁烟

烟草原产于中南美洲，明朝中后期经菲律宾等国传入中国。明人姚旅在《露书》中记载：“吕宋国出一草曰淡巴菰，一名曰醺，以火烧一头，以一头向口，烟气从管中入喉，能令人醉，且可避瘴气。”吕宋国是菲律宾古国之一，淡巴菰为烟草早期的中文译名。吸烟极易引发火灾，宫中历史上的多次火灾，就有因吸烟而引起的。为了防范宫中火灾，顺治帝以立法形式颁布禁烟令。康熙帝以身作则，带头禁烟。乾隆年间虽有因吸烟引发的火灾，但乾隆帝下令禁烟，却是缘于自身受咳嗽困扰。慈禧太后明令禁止宫中吸食卷烟，她自己却吸食水烟，尽管如此，她似乎也并非全然不顾防火之事。

顺治：发布宫中禁烟政令

顺治年间，宫中出现过因吸烟酿成火灾的事故。

据《大清世祖章皇帝实录》载：顺治六年（1649 年）六月乙未，“有拜禅妻及广泰家女子赖氏，放鹅于金水桥前，坐红衣炮绳堆上吃烟遗火”。两名放鹅的妇女在天安门外的金水桥前抽烟，而周围正堆满了炮绳。不料烟上的火星掉落，点燃了三万三千八百余斤的炮绳，烧毁了两百余辆炮车，还焚毁了宫中一百二十余间库房。刑部官员拟将引发火灾的拜禅妻及赖氏处以斩刑，同时对未派人看守炮绳的工部官员金之俊、李迎晙、刘昌、卢登科、佟国允、吴达礼等人各罚银百两，并责令金之俊等人赔偿炮车、炮绳折价白银二千零三十余两。顺治帝认为宫中管理失误（如将炮绳随意放置于宫外）也是火灾的重要诱因，于是改判拜禅妻鞭一百，赖氏鞭三十，金之俊、李迎晙、刘昌罚俸三个月，卢登科、佟国允、吴达礼等人罚俸六个月。

但这并不意味着顺治帝不重视禁烟。清人汪师韩在《金丝录》中引用了顺治年间《大清律例》中关于禁烟的规定："凡紫禁城内及凡仓库、坛庙等处，文武官员吃烟者革职，旗下人枷号两个月，鞭一百。民人责四十板，流三千里。该管官员见而不行捕首被旁人捕首者，该管官员俱罚俸半年。又紫禁城内大臣侍卫员吃烟者，派出看门护军查拿被获，除照例议罚外，照其官职加取一个月俸银给予拿获之护军。跟随人被获，除照例责打外，亦向伊等之主取一月俸银给予。如护军校不行拿获，革去护军校，不准折赎，鞭一百，枷号两个月。护军不行拿获，鞭一百，枷五个月。闲散执事之人照例鞭一百。"

不难发现，顺治年间宫中禁烟的法规是十分严格的。包括紫禁城在内的多处重要场所均明令禁止吸烟。一旦有人知法犯法，处罚极为

《胪欢荟景图册》中的天安门及金水桥

严厉：官员被革去官职，旗人戴枷示众并受鞭刑，百姓则要承受板责和流放之苦。宫中看门护军若能查获吸烟之人，可获得吸烟者及随从一个月俸禄的丰厚奖励。反之，若护军校、护军看到有人吸烟而不加以查禁，将面临革职、鞭刑、戴枷示众等一系列惩罚。

康熙：以身示范推行禁烟

在《圣祖仁皇帝庭训格言》中，康熙帝曾这样阐述："如朕为人上者，欲法令之行，惟身先之，而人自从。即如吃烟一节，虽不甚关系，然火烛之起多由于此，故朕时时禁止。然朕非不会吃烟。幼时在养母家，颇善于吃烟。今禁人而己用之，将何以服人，因而永不用也。"康熙帝深知吸烟是宫中的火灾隐患之一，他幼时在养母家吸过烟，但当他登上帝位后，为了以身作则，便永远戒了烟，成为禁烟的倡导者和表率。

故宫博物院藏黄色缎钉绫玉棠富贵如意纹烟荷包

康熙帝幼时，正值天花肆虐。他被乳母孙氏（正白旗汉军包衣曹玺之妻）抱出宫，安置于西华门外的一座宅邸（今福佑寺）中，长期远离父母之爱。他在两岁那年还是不幸染上了天花，但在乳母的悉心照顾下，他战胜了病魔。根据《大清圣祖仁皇帝实录》中的记载，

太和殿（现为康熙十八年火灾后复建样式）

他在晚年曾感慨万千地对臣下喟叹，顺治帝“因朕幼年时未经出痘，令保母护视于紫禁城外。父母膝下未得一日承欢，此朕六十年来抱歉之处”。

康熙帝不仅自己坚决戒烟，而且厌恶大臣吸烟。清人李调元在《淡墨录》中记载，康熙帝某次南巡驻跸德州时，发现有大臣私下吸烟，愤然斥责：“最可恶的是用烟，诸臣在围场中看我竟日曾用烟否？每见诸臣私行在巡抚账房偷吃，真可厌恶。且是耗气的东西，不但我不吃烟，太祖、太宗、世祖以来都不吃烟，所以我最恶吃烟的人。”清人蒋陈锡得知此事后，作诗《往水恭记》一首：“碧碗冰浆潋滟开，肆筵先已戒深杯。瑶池宴罢云屏敞，不许人间烟火来。”

据《国朝宫史》记载，康熙十八年十二月初三，太和殿发生火灾。当天，康熙帝降谕强调：“宫内各处灯火最为紧要。凡有火之处，必著人看守，不许一时少人，总管不时巡查。”太和殿火灾发生在隆冬深夜，气候干燥，北风呼啸，值守人员不多且极易犯困，一旦火源失控，极易引发大火。为避免类似火灾再次发生，康熙帝于二十三年（1684 年）十月初一发布上谕：“今隆冬有风之际，各宫灯火著用心谨慎。不许任意吃烟，著不时严察。”

乾隆：禁烟非为防火

乾隆年间，吸烟在宫中及皇家园林中引发了至少两起火灾事故。

乾隆二十年（1755 年）十一月二十二日晚，圆明园中的一处建筑春宇舒和突发火灾，这场火灾是太监杨明吸烟所致。据当年十二月初二的《总管内务府续查春宇舒和失火缘由折》记载，经内务府总管审讯，杨明招供说：“二十二日末时，我原上夏馆含清楼上取笤帚，曾在楼上打火吃烟来着。至晚间楼上起火，想必是我日间吃烟遗下的火延烧起来了。”乾隆帝对此震怒，下谕旨斥责道，太监杨明身为本地当差之人，竟胆敢在楼上吸烟，以致遗火延烧，实属可恶，着将太监杨明发往黑龙江，给索伦达呼尔为奴。

另据《国朝宫史》载，乾隆二十六年（1761 年）九月初四三更时分，紫禁城寿安宫内遮阳席片失火。外朝巡更的护军发现火情后，要求太监开门，但太监却不开门，而是自行扑救。乾隆帝得知后，降旨斥责：“幸是席片烧毁，易于扑灭。倘火势稍大，不能救时始行开门，岂不迟误？”后经内务府查明，此次火灾系太监李世福“不能小心火烛，或吃烟所致”。乾隆帝最终谕定：“将首领九十三、太监李世福锁拿，交都虞司，

故宫博物院藏乾隆款掐丝珐琅火镰

故宫博物院藏黑漆描金花卉纹火镰袋

发遣打牲乌拉。”打牲乌拉是清代重要的皇家贡品采办地，位于今吉林省西北部。

乾隆帝本嗜好吸烟，后来却毅然戒烟，并要求宫中禁烟。他戒烟的初衷并非出于防火方面的考量，而是因为吸烟引发的疾病。乾隆帝有段时间持续咳嗽不止，经太医诊断，病因为吸烟引起的咽炎，无奈之下只能戒烟。清人李伯元在《南亭笔记》中提到：“北京达官嗜淡巴菰者十而八九，乾隆嗜此尤酷，至于寝馈不离。后无故患咳，太医曰：‘是病在肺，遘厉者淡巴菰也。’诏内侍不复进。未几病良已，遂痛恶之，戒臣僚勿食，著为训。”

故宫博物院珍藏了一件乾隆年间的掐丝珐琅火镰，这是宫中用于吸烟取火的工具。火镰为钢制镰刀形用具，与火绒（一般为艾蒿的嫩叶）和火石（一般为燧石或鹅卵石）配合使用。取火时，先将火绒垫在火石下方，接着用火镰大力摩擦火石，产生的火星落在火绒上，此时用嘴轻吹火绒，使其点燃，最后将点燃的火绒置于烟斗上，即可吸烟。

慈禧：禁烟却吸烟

晚清时期，卷烟已在京城出现。民国时期，徐珂在《清稗类钞》中记载：“卷烟为欧美运至之舶来品，亦有产于我国者。以纸裹于外也，故又曰纸烟；以吸时有香也，故又曰香烟。中含尼古丁质，有毒。”李德生在《烟画》中提到，19 世纪末，日本烟商村井兄弟商会发行了一套《扬州百美图》，内有光绪年间女性人物及风景画一百八十五片，附在“孔雀”牌香烟盒内。此烟由村井兄弟商会与大英烟公司合作生产。慈禧对烟画十分喜爱，并因此钟情于日本产的孔雀牌香烟。不久后，有民族资本家提出“不用外国货，不吸外国烟”的口号。慈禧一咬牙，

故宫博物院藏银烧蓝菊花纹水烟袋

戒掉了香烟，并要求宫中不得吸食香烟。

1905 年 6 月 27 日，《大公报》刊载的《太后戒烟确闻》披露：“前有内廷人传说，皇太后向吸孔雀香烟，因禁用美货，是以改吸中国自制香烟等论。兹详加探访，实系皇太后今日颇研究卫生要旨，以纸烟有害脑力，于日前将孔雀烟八箱，全行掷弃湖中，并戒在内廷服侍之内监及宫女等人，一概不准再吸纸烟。”

但这并不代表慈禧不吸烟。尽管她戒掉了香烟，却依然钟情于抽水烟。宫中的水烟袋多用黄铜、白铜、锡、银等金属制作，构造上主要由盛水斗、燃烟斗、吸烟管、烟丝筒四个部分组成，吸烟时还需配备烟钎、毛刷、烟勺、镊子及火镰等工具。宫女何荣儿在《宫女谈往录》中回忆了侍候慈禧太后吸烟的情形：她先拿出火镰，把火石、火绒安

故宫博物院藏西洋火镰

排妥当，转过身去，将火石用火镰轻轻一划，火绒燃着后贴在纸眉子上，用嘴一吹，把纸眉子的火倒冲下来，轻轻地用手一拢，转回身来；再用单手捧起烟袋，送到老太后嘴前边约一寸来远，等候老太后伸嘴来含；当老太后已经含上烟筒，这时就要把纸眉子垂于左手之下，用左手拢着，以便顺利点燃烟。只不过根据宫中规矩，用火镰打火时，“烫死也不能掉火星”，这似乎反映出慈禧在吸烟时，尚有防火的意识。

从上述内容来看，清代宫中的防火措施虽然涵盖了禁烟，但帝后下令禁烟的原因并非全然出于防火方面的考量。宫中防火与禁烟的相关史料，作为紫禁城丰富历史文化的重要组成部分，为研究我国古代消防史提供了珍贵的史料依据。

清代“皇家消防队”的发展历程

科学灭火离不开专业的消防组织。庾晋在《中国古代消防史话》中认为，世界上最早的消防队出现在宋朝。北宋时期，京城商业繁荣，商铺林立，容易诱发火灾。宋仁宗赵祯即位后，采取了较为严格的防火措施，其中就包括建立消防队的前身——军巡铺。宋人孟元老在《东京梦华录》中记载：“每坊巷三百步许，有军巡铺屋一所，铺兵五人。”当时的京城汴京，每隔百米就设有一座军巡铺，每铺配有五名消防官兵日夜巡逻。“又于高处砖砌望火楼，楼上有人卓望，下有官屋数间，屯驻军兵百余人。”在地势较高处均建有望火楼，楼上安排士兵瞭望，楼下驻扎着上百名消防官兵，随时待命。灭火工具种类丰富，有“大小桶、洒子、麻搭、斧锯、梯子、火杈、大索、铁猫儿之类”。灭火任务由专业人员执行，无须百姓参与。明代，紫禁城内的灭火任务由禁卫军承担，当时尚未设立专职的消防机构。据《万历野获编》记载，明永乐十三年正月十三日的午门火灾，就是由禁卫军扑灭的。清顺治年间，紫禁城内开始设立专职的消防队伍。在清朝的各个时期，皇家消防队及消防管理措施逐渐完善，在科学灭火中发挥了重要作用。

顺治、康熙时期

顺治、康熙时期的皇家消防队主要为八旗火班。据《钦定八旗通志》载：顺治初年，八旗火班设立。乾隆朝《钦定大清会典则例》卷一百八详细说明了八旗火班设立之初的配置：设火班八处，每处均有满、汉、蒙三旗官兵值守，人数约九十人；一旦某处失火，一半官兵去救火，另一半则原地待命。然而，由于初期管理经验不足，八旗火班的作用尚不明显。《康熙起居注》记载，康熙十八年十二月初三寅时，太和殿失火，火灾后，康熙帝下令加强防火管理。

八旗火班防控范围图

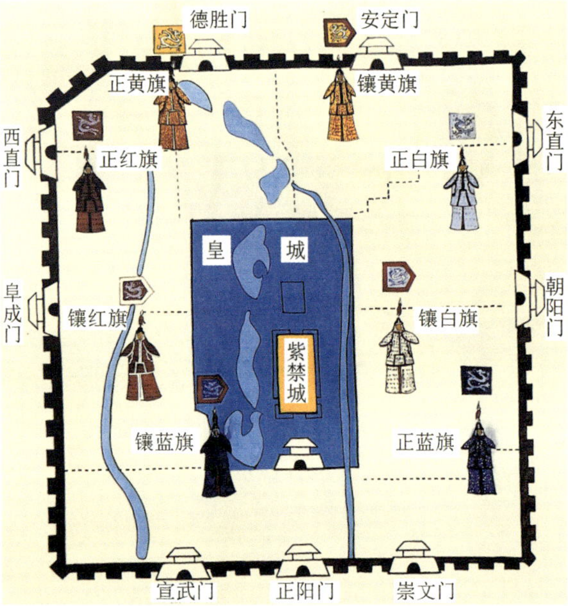

雍正时期

雍正年间，雍正帝对皇家消防队进行了大力改革和完善。据嘉庆朝《钦定大清会典事例二》卷八百六十三载：雍正元年（1723 年）规定八旗火班各旗消防官兵的人数为七十人，同时要求各班大臣、参领等官员加强巡查；雍正五年（1727 年）要求八旗火班的汉军旗添设马匹，以便巡查；雍正六年（1728 年）规定夜间若有紧急集合任务，调动火班的兵丁时需要“呈递名牌”；雍正十年（1732 年）进一步明确了消防队伍的编制：设立火班八处，每处配备参领一人、官员五人、领催五名、马甲四十五名，设立“激桶”八处，每处安排参领一人、官员三人、领催三名、马甲二十七名。另据《八旗通志》记载：雍正五年设立防范火班，遇有紧急情况，值班的护军统领、司钥长等从左翼门等二十三处护军中，每处调派两人，共计四十六人协同内府值班官兵赶往事发现场，展开救火工作。

乾隆时期

乾隆时期，皇家消防队的管理得到了进一步加强，并且有了统一的“队部”。据《钦定八旗通志》卷三十三记载，乾隆六年（1741 年）再次规定，八旗火班设有八处，每处由满、蒙、汉各旗官兵轮流值守，设都统或副都统一人，参领两人，参领以下官员八人，领催八人，骑兵七十二人；发生火灾时，一半官兵救火，另一半官兵值守。另据光绪朝《钦定大清会典事例三》记载，乾隆四十八年（1783 年），紫禁城内的火班进一步扩充了人员配置：“紫禁城内火班，原设步军校二人，步军四十名，护军八名，内务府马甲服役人四十名，銮仪卫校尉十名”，在此基础上，“增设协尉一人，步军六十名，銮仪卫官一人，校尉二十名”。火班“队部”设在造办处外的围房（今故宫博物院工程管理处北长房），成为指挥调度的核心区域。

火班“队部”今址

嘉庆时期

嘉庆时期，皇家消防队有了管理章程。据《大清仁宗睿皇帝实录》卷二百九十一载，嘉庆十九年（1814 年）设立了火班章程。该章程规定，当宫内或圆明园内发生火灾，需要火班官兵前往扑救时，官兵可直接携带激桶赶赴现场，无须等待主管激桶的官员到场确认。此外，章程还规定：需要开启宫门放行火班官兵时，由当日值班的乾清门侍卫中指派二人开门引入，其他侍卫则原地待命；若皇帝亲自前往现场查看火情，乾清门侍卫须佩带弓刀，敬谨随扈。又据《钦定总管内务府现行则例》记载，嘉庆二十四年（1819 年），火班章程进一步被完善，明确了火班官兵的进门制度，以及各处激桶的存放管理方法；另增加了一百名身体强健的披甲人，“于操演技艺后演习激桶”，以提升救火能力。

光绪时期

光绪时期，消防一词被正式引入并使用。该词源自日本，早在江户时代便已出现。我国较早使用消防一词的记录可见于《北京市志稿》：“光绪二十九年（1903年）七月，始于警务学堂附设消防科，拔选长警，专事训练。”《清德宗起居注》卷七十三载，光绪三十一年（1905年）九月，清政府设立巡警部，下辖警政司等若干部门。据《清史稿》卷一百十九载，警政司下设消防队，配备有习艺所员外郎一人任消防队总理，五品警官三名，六品、七品警官各六人，八品、九品警官各八人。光绪三十二年（1906年），消防队改为消防公所，由京师警察厅管辖。京师警察厅派遣消防队驻扎于紫禁城内，负责其消防安全，直至1925年故宫博物院成立。

有研究表明，紫禁城在清代遭受火灾的次数远少于明代，这与清代成立的消防队的积极作用密不可分。

唧筒

麻搭

水囊

水袋

水囊

第四章

古代防火信仰文化

故宫古建筑在历史长河中多次遭受火灾。受限于古代有限的生产力条件，古人有时将防火的愿望寄托于特定的事物，从而形成了一种独特的信仰心理。这种依靠信仰防火的做法，展现了我国古代极具特色的防火文化。故宫古建筑中蕴含的防火信仰，主要体现在以下几个方面：藻井与水草图案、异兽造型、写字避讳、五行相生相克和雷神信仰。

藻井与水草图案

我国古代重要建筑的室内上方，正中部位常设有一种向上凸起的穹窿状装饰，这种装饰称为藻井。太和殿是明清帝王举行重要活动的场所，其建筑装饰艺术浓缩了我国古建筑装饰艺术的精华。太和殿内宝座上方的藻井，全称为龙凤角蝉云龙随瓣枋套方八角浑金蟠龙藻井。

太和殿藻井

从分层构造上来看，太和殿藻井由三层组成：下层为方井，中层为八角井，上层为圆井。其中，四边形与八角形木骨架相交形成的三角形或菱形空间，称为角蝉。从功能上讲，太和殿藻井融装饰性与象征性于一体，一方面展现出精美的装饰艺术和空间造型，另一方面象征着古代皇权的至高无上，并寓意避火驱邪，是我国古代丰富文化的生动体现。

太和殿藻井的平面布置呈现出对称之美。从藻井的平面组成来看，其核心木骨架由四边形外骨架、圆形内骨架，以及四边形与八角形交错形成的中间骨架构成。四边形、八角形和圆形均为对称图形，对称中心恰好位于藻井顶部的中央。四边形与八角形的交织分割出三角形、菱形的骨架，它们均匀而对称地环绕在藻井的四周，骨架围成的平面

太和殿藻井仰视

内交替刻有龙纹或凤纹。三角形、菱形的骨架与龙纹、凤纹的装饰均为对称布置，对称轴即为经过藻井顶部中心的十字正交线。藻井顶部中心雕有一条蟠龙，龙头居于正中部位，口含轩辕镜。大轩辕镜位于龙头正下方，六个小轩辕镜则以大轩辕镜的中心为对称中心，均匀地分布在其周围。这种对称布局，给人以圆满、匀称、平衡之感。

太和殿藻井的空间布置呈现出秩序之美。位于宝座上方的藻井，是太和殿底部空间向上部空间的过渡，空间范围由下而上逐渐收缩；藻井的空间布局由下而上亦由大变小，各层骨架之间过渡自然，收缩均匀，到顶部形成“如伞如盖，穹然高起”的空间。藻井顶部正中的轩辕镜则成为藻井空间的中心，凸显出古代帝王在天地之间的中心地位。不仅如此，各层骨架的平面对称性，使得这些四边形、八角形和

太和殿藻井的圆顶及轩辕镜

圆形的平面在垂直方向上扩展成有序而规则的藻井空间。无论是各层骨架侧壁上雕刻的繁复龙纹，还是各层骨架之间整齐排列的斗拱层，都呈现出疏密有致、繁而不乱的美感，在变化中展现出统一，极富节奏感、韵律感和秩序感。太和殿藻井在空间布局上展现出秩序之美，条理清晰、规则严谨、和谐统一，令人赞叹不已。

太和殿藻井的整体造型呈现出装饰之美。藻井上纹饰华丽且种类丰富，有巴达马（莲花）纹、龙纹、凤纹、斗拱纹等。这些纹饰虽然造型复杂，数量众多，但是雕刻得精美绝伦，体现出我国古代工匠精湛的建筑技艺。斗拱是我国古建筑木结构中造型最为优美且构造最为复杂的构件。在古建筑的营建中，斗拱由数量众多的细小构件层层叠加而成。太和殿藻井上的斗拱多由工匠在大木料上雕刻而成，立面凹凸有致，外形曲线整齐划一、弧度优美，有极强的艺术感和节奏感。龙为我国古人想象中的灵兽及帝王的化身，其造型复杂，明代医学家李时珍在《本草纲目》中对龙的描述为“头似驼，角似鹿，眼似兔，耳似牛，项似蛇，腹似蜃，鳞似鲤，爪似鹰”。这些特征在太和殿藻井的龙纹装饰中得到了淋漓尽致的展现，尤其是位于藻井顶部正中的蟠龙。它盘踞于云雾之中，张牙舞爪，口含宝珠（轩辕镜），气势磅礴，呼之欲出，栩栩如生，彰显出皇家宫殿的威严和震慑力。在这里，复杂的建筑造型被转化为一种艺术的美感。藻井上金色的装饰色彩，更是为皇家宫殿增添了壮丽与华美。

太和殿藻井还反映了我国古代社会的多样文化，尤其在防火文化层面具有独特的意义。古人认为，藻井可以克火。南朝梁萧统所编的《文选》中提到:“《风俗通》曰:‘今殿作天井。井者，东井之像也。菱，水中之物。皆所以厌火也。’”藻井的造型类似于东井,上面绘制了水草、荷、菱。无论是东井还是水草，都被认为具有厌火的神奇效果，可以防火。古人认为东井是主宰水源的，西汉《史记·天官书第五》中注解道:“东井八星，主水衡也”，“东井主水事”。因此，东井具有灭火的象征意义。

宋代文人叶廷珪在《海录碎事》中写道:“屋栋之间为井形，而加水藻之饰,所以厌火灾也。故《鲁灵光殿赋》‘圆渊方井,反植荷蕖也’。”这句话揭示了古人在建筑中设计“井”形结构，在室内装饰水草图案，以此寄托防火愿望的文化内涵。《鲁灵光殿赋》中的“圆渊方井，反植荷蕖”即为此意。《鲁灵光殿赋》为东汉辞赋家王延寿所撰,其中的“反植荷蕖”描绘了一种视觉效果，即藻井上的荷花仿佛从屋顶向下生长一般。南朝梁萧统在《文选》中转引《尔雅》的观点,认为“反植荷蕖”

的主要目的是增强莲花的光辉。《文选》载:“圆渊方井，反植荷蕖……反植者，根在上而叶在下。《尔雅》曰:‘荷芙蕖种之于圆渊方井之中，以为光耀。’”

水草不仅可见于藻井，也可见于古建筑室内的顶棚天花和大梁。文渊阁的天花采用了金莲水草的彩画图案，这种设计旨在达到“厌火”的效果。金莲水草为清代中早期天花彩画的一种，以荷花、水草为主题图案，花头采用沥粉贴金的做法。北周文人庾信在《庾子山集注》中提到:“梁上画以水草，所以厌火。”人们认为，在天花梁上绘制水草图案，就可以克火。宋代官员庞元英在《文昌杂录》中记载:“及大起建章宫，遂设鸱鱼之像于屋脊，又画藻井于梁上，用厌火祥。”这表明古人通过在梁上绘制藻井图案来寄托防火的愿望。古人之所以认

文渊阁前廊上的金莲水草天花

为这些水生植物具有灭火之效，是因为它们的生长环境与水密切相关，仿佛能够起到压制和趋避火患的作用。

太和殿藻井中的轩辕镜，不仅象征着皇帝的正统地位，而且蕴含着克火的寓意。唐代文人张守节在《史记正义》中提到，轩辕是“黄龙之神，主雷雨之神”，具有“阴阳交感，雷激为电，和为雨，怒为风，乱为雾，凝为霜，散为露，聚为云气”等神奇能力。由此可知，轩辕的造型类似黄龙，具有驾驭雨水的本领，因而被融入建筑装饰之中，寄寓着灭火的愿景。

鸱尾、鸱吻、摩羯鱼与紫禁城屋顶上的螭吻

紫禁城古建筑的正脊（前后屋面坡的交线）两端，多有龙形兽首，它们名为螭吻。螭吻是紫禁城古建筑中用于防火的镇物，外形源自汉代的鸱尾，经过数次演变，最终形成了我们今天所见的螭吻造型。

雏形：鸱尾

螭吻的雏形是鸱尾，而鸱尾的早期记载与西汉时期柏梁殿的火灾密切相关。据西汉史学家司马迁在《史记》卷二十八中记载，汉武帝太初元年（前 104 年）“十一月乙酉，柏梁灾”。北宋官员李诫在《营造法式》卷二中补充了后续事项：“汉记柏梁殿灾后，越巫言海中有鱼，虬尾似鸱，激浪即降雨，遂作其象于屋，以厌火祥。”柏梁殿火灾后，有越地的巫师说，海中有一种大鱼，其虬龙之尾与鸱鸟相似，可激起巨浪，化作漫天雨幕，扑灭火灾。于是人们便将鸱尾的形象置于屋顶，以祈求它能镇压火灾。

徐州博物馆藏陶楼

我国现存最早的木结构古建筑为始建于唐代的南禅寺，对于唐之前的建筑样式，我们仅能通过明器、墓葬壁画等文物来推测。徐州博物馆藏有一件东汉时期的陶楼，屋脊两端有翘起的部分。虽然不能证明这翘起的部分就是鸱尾，但其样式与鸱尾极为相似。由此推测，在东汉时期，人们或许已在屋脊端部采用鸱尾设计了。

北朝北齐人魏收在《魏书》卷七十七中记载，刺史李世哲“逼买民宅，广兴屋宇，皆置鸱尾”。这一记载表明，至少在曹魏时期的史料中已有屋顶置放鸱尾的做法，且这种做法一般用于较高等级的建筑中。北魏时期的地理学家郦道元在《水经注》卷三十六中也有描述：“飞观鸱尾，迎风拂云。”他所描述的建筑应该是范文所建的林邑国，其位置约在今越南南部顺化等地，秦汉时期归属象郡管辖。由此可知，鸱尾

北魏石椁内的陶屋

一词至少在北魏时期就已出现。大同市云波路古墓群北魏石椁内的陶屋，屋脊两端有明显的翘起，呈现出典型的鸱尾造型。到了清朝，鸱尾一词仍在使用。据清代官员张廷玉等人所撰《明史》卷二十八记载："万历三年六月己卯，雷击建极殿鸱吻；壬辰，雷击端门鸱尾。"

从鸱尾到鸱吻

鸱吻一词较早见于初唐僧人释道世所撰的《法苑珠林》。释道世，字玄恽，因避唐太宗（世民）之讳，以字代名。《法苑珠林》卷二十二载有"雷电震击，烟张鸦（同"鸱"）吻，火烈云中"。晚唐小说家苏鹗在《苏氏演义》卷上中提到："蚩者，海兽也。汉武帝作柏梁殿，有上疏者云：蚩尾，水之精，能辟火灾，可置之堂殿，今人多作鸱字。见其吻如鸱鸢，遂呼之为鸱吻。"这段记载表明，在汉武帝建造柏梁殿时，就有大臣建议在屋顶放置蚩尾，用于镇火。蚩为海中神兽，具有

山西省忻州市唐代南禅寺大殿鸱尾

梁思成先生手绘佛光寺东大殿鸱尾

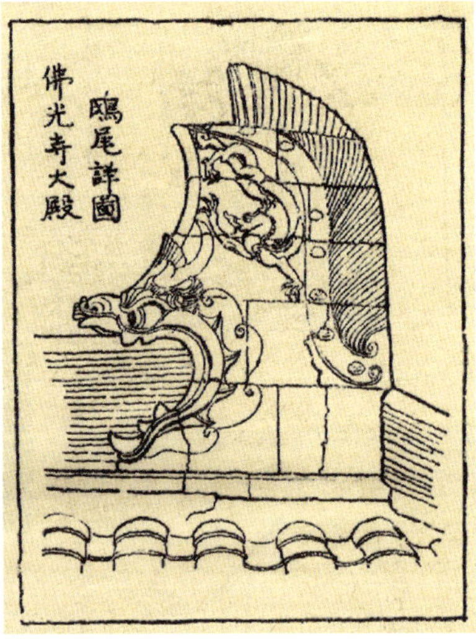

天津市蓟州区辽代独乐寺山门鸱吻

河南省登封市宋代少林寺初祖庵大殿鸱吻

国家博物馆藏西夏鸱吻

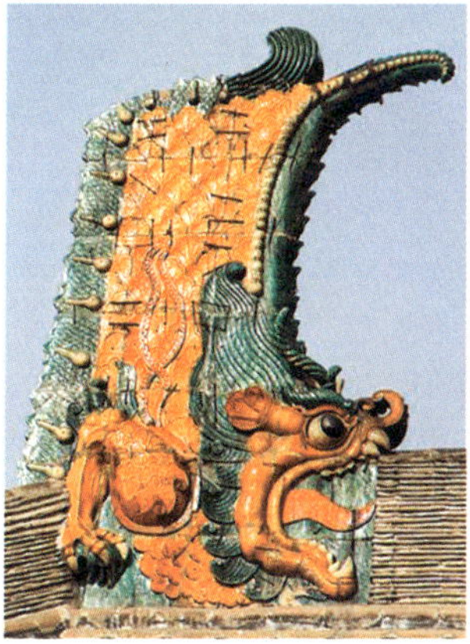

山西省大同市金代华严寺大雄宝殿鸱吻

山西省运城市元代三清殿琉璃鸱吻

故宫钟粹宫正吻

镇压火灾的神力。由于蚩的嘴部酷似鸱鸢（也就是鹞鹰），后来（主要指唐代）被称为鸱吻。唐代诗人韦应物在《鸢夺巢》中写道："野鹊野鹊巢林梢，鸱鸢恃力夺鹊巢。"

唐代出现了明显的造型变化，从早期的鸱尾逐渐演变为鸱吻。南禅寺大殿的鸱尾仅显示出翘起的鱼尾；而梁思成绘制的佛光寺东大殿的鸱尾不仅有鱼尾，而且鱼尾前部还出现了龙形神兽的形象，瞪眼张嘴，做吞脊状。鸱吻露出龙形脸部，咧嘴露出獠牙，做张口吞脊状，形貌狰狞，被赋予了驱邪镇火的神圣使命。此后，辽、宋、西夏、金、元、明、清等时期的鸱吻均演变为龙首鱼身的镇火神兽。这种神兽的形象主要源于印度佛教中的摩羯鱼。

外来中介：摩羯鱼

摩羯鱼是鸱尾向鸱吻转变的中介。摩羯鱼也称摩竭鱼、摩伽罗鱼、摩迦罗鱼，源自印度神话，被认为是河水之精，拥有翻江倒海的神力。摩羯鱼性情凶恶，会损坏船只，后被释迦牟尼驯服，弃恶从善。据唐代僧人释慧琳所撰《一切经音义》卷四十一记载："摩羯者，梵语也。海中大鱼，吞啖一切。"另据南北朝官员杨衒之所撰《洛阳伽蓝记》卷五记载："至辛头大河，河西岸上有如来作摩羯大鱼，从河而出，十二年以肉济人处，起塔为记。"这段文字表明，摩羯鱼在佛教中被赋予了神圣的意义：相传如来佛祖为了救治摩羯国百姓的疾病，跃入水中化身大鱼；摩羯国的百姓吃了摩羯鱼的鱼肉，如服灵丹妙药一般，病体痊愈。大约在东汉时期，随着印度佛教的东传，摩羯鱼的形象开始在我国出现。三国时期，曹魏著名文学家曹植在传世名篇《洛神赋》中写道："载云车之容裔，鲸鲵踊而夹毂，水禽翔而为卫。"其中的鲸很可能指摩羯鱼，鲵则指雌鲸。《古今注》载有："鲸鱼海鱼也……其雌曰鲵。"东晋画家顾恺之根据《洛神赋》所作的传世名画《洛神赋图》，绘出了摩羯鱼的具体形象：体形硕大，鱼形，卷鼻，张嘴露牙，面目狰狞。

摩羯鱼体形巨大如鲸，其造型自唐代起，多与龙有关。这种龙首、

《洛神赋图》中的摩羯鱼

鱼身、带翼的造像，是摩羯鱼在中国化过程中的基本模样，在唐朝已基本成形。《一切经音义》卷二十中提到“摩伽罗鱼，亦云摩竭鱼，正言摩迦罗鱼，此云鲸鱼也”;《一切经音义》卷二十三载有“摩羯鱼，此云大体也。谓即此方巨鳌鱼，其两目如日，张口如涧谷，吞舟光出，溃流如潮,若喝水如壑,高下如山,大者可长二百里也”。这些文字说明，摩竭鱼体形硕大，类似鲸鱼，外形与鳌鱼有相似之处。

那么，什么是鳌鱼呢？明代小说家许仲琳在《封神演义》第八十三回“三大师收狮象犼”中写道:“只见乌云仙把头摇了一摇，化作一个金须鳌鱼，剪尾摇头，上了钓竿。”鳌鱼曾被准提道人驯服。清代文人许琰在《普陀山志》卷十五中载有“东侧弥陀佛西则鳌鱼观音”，描述了观音立于鳌鱼之上的形象。浙江舟山普陀山法雨寺九龙殿

四川新津县观音寺漂海观音像

广东省广州市陈家祠屋脊上的鳌鱼

的观音像足踩一条海鱼，称为海岛观音；梵音洞庵的观音像与鳌鱼相连，称为鳌鱼观音。四川新津县观音寺中的漂海观音像脚踏鳌鱼，立于惊涛骇浪之中，背景是四川峨眉山、浙江普陀山和山西五台山的全景。塑像中的鳌鱼形象，正是龙首鱼身的造型。明代藏书家郭良翰在《问奇类林》卷二十八中提到："鳌鱼其形似龙，好吞火，故立于屋脊。"由此可知，古建筑屋顶的摩羯鱼、鳌鱼、鸱吻为同一神兽的不同称呼或形象演变。

从鸱吻到螭吻

明清时期，鸱吻又被称为螭吻。紫禁城屋顶正脊两端的镇火兽被称为螭吻。螭吻一词较早见于宋代文人龙衮在《江南野史》卷三中的记载："初，台阁殿各有螭吻。"明清以后，螭吻这一名称逐渐大量出现,并与“龙生九子”的说法密切相关。明代文人孙能传在《剡溪漫笔》卷二中记载:“汉时以宫殿多灾,术者言天上有鱼尾星,宜为其象冠于室以禳之。自唐以来,寺观旧殿宇,尚有为鱼尾形指上者,今屋上兽头乃是龙种九子之一,名曰螭吻,性好望。”螭吻的用途是灭火,汉代的术士认为天上有鱼尾星,将其形象置于屋顶,可以镇火。明代官员杨慎在《升庵集》卷八十中写道:“俗传龙生九子不成龙,各有所好……二曰螭吻,形似兽,性好望,今屋上兽头是也。”这进一步说明,螭吻是龙生九子中的第二子。清代文学家查慎行在《人海记》卷上中提到“龙生九子……螭吻好吞”,强调螭吻可以吞火,具有灭火的能力。

螭是没有角的龙。东汉文字学家许慎在《说文解字》卷十三中提到:“螭,若龙而黄,北方谓之地蝼。从虫,离声,或云无角曰螭。”螭为

清代太和殿屋顶上的正吻

龙形兽，无角，色黄。在古建筑工程领域，螭吻又被称为正吻，因其位于屋顶正脊两端。太和殿螭吻由吻口、龙身、脖子、卷尾、中央、前爪、后爪、火焰、剑把、背兽等部分组成，它们张牙舞爪，“咬住”正脊，既具震慑之效，又寄托着防火消灾的美好愿望。

通过上述分析可以发现，汉代时，鸱尾作为建筑构件被置于屋脊之上，是用于灭火的镇物；唐代中期，鸱尾逐渐演变成龙头鱼尾的鸱吻，印度佛教传入的摩羯鱼形象是这一转变的中介；而明代“龙生九子”说法的盛行，使得鸱吻造型进一步演化为紫禁城内常见的龙形兽首螭吻。从鸱尾到螭吻，其放置的部位及镇火的功能从未改变。

太和殿屋顶上的十个神兽

去故宫参观，会发现几乎每座宫殿建筑的屋顶上都有序排列着一排神兽。不同建筑的屋顶上，神兽的数量也不完全一样。紫禁城古建筑屋顶的神兽数量通常有以下几种组合：一个时为龙；三个时为龙、凤、狮子；五个时为龙、凤、狮子、天马、海马；七个时为龙、凤、狮子、天马、海马、狻猊、押鱼；九个时为龙、凤、狮子、天马、海马、狻猊、押鱼、獬豸、斗牛。这些组合的数量均为

太和殿屋顶上的十个神兽

单数，且其中天马、海马、狻猊、押鱼的位置可以更换。而太和殿屋顶上的神兽数量则为双数，共十个：龙、凤、狮子、天马、海马、狻猊、押鱼、獬豸、斗牛、行什。

除太和殿外，紫禁城所有古建筑屋顶上的神兽数量均为单数。为什么太和殿屋顶上的神兽数量为双数且多达十个？这一独特安排背后的主要原因在于，太和殿在历史上曾多次遭受火灾。据统计，自紫禁城建成以来，太和殿至少遭受过五次火灾，每次被焚毁后，皇帝都会下令重建。太和殿第五次被焚毁后，重建工作遭遇了严重的材料短缺问题。清康熙三十四年二月二十五日，康熙帝下令重建太和殿，并指定梁九为工程负责人。康熙之前的历代王朝在建造宫殿时几乎已将楠木砍伐殆尽，此次重建太和殿，在材料极其有限的情况下，梁九不得不对太和殿的结构做出调整：在建筑总尺寸不变的条件下，将开间由

明代太和殿想象图

今天的太和殿

原来的九间改为十一间。

然而，新的问题来了。重建前的太和殿，其开间数量为九间，相应地，屋顶角部的神兽数量也是九个。而在重建太和殿时，梁九将太和殿开间的数量由九间变成十一间。这样一来，屋顶需要重新排列瓦片，且瓦片规格与之前并不一致。梁九发现，在太和殿的屋檐四角排完九个小兽后，每个屋角多出一块位置，恰能多放一块瓦片。考虑许久后，梁九决定在这个位置增加一个新的神兽即行什，他的想法获得了康熙帝的批准。为什么要放行什这个神兽呢？原来行什在外形上很像雷神，也就是上天主管打雷的神。太和殿多次遭受焚毁，其中一个重要原因便是雷击。梁九在太和殿屋檐四角各放置这样一个神兽，寓意非常明确：希望上天多多关照，不再让太和殿遭受雷火的侵袭。

文渊阁的古代防火观

文华殿区域的北侧，有一座二层阁楼，名为文渊阁，其外观最显著的特点是黑色的瓦顶。从功能角度来看，文渊阁曾是乾隆帝收藏《四库全书》的场所。据清代官员英廉等人编撰的《钦定日下旧闻考》卷十二记载：“乾隆三十九年，命于文华殿后规度方位所宜，创建文渊阁，用储四库书籍凡三万六千册。”由此可知，文渊阁为乾隆帝下旨所建，用于贮藏《四库全书》。乾隆四十一年（1776 年），文渊阁建成。建筑坐北朝南，总长约 33 米，总宽约 14.7 米，前后出廊，采用单檐歇山

文渊阁正立面

文渊阁内景现状

式屋顶。乾隆帝对文渊阁的防火极其重视，下令仿照从未遭受过火患的浙江宁波范氏天一阁，精心打造文渊阁的建筑样式。乾隆帝认为，水能灭火，因此凡是与水相关的元素，均能防止火患。建成后的文渊阁，除了名字包含带水的渊字外，还蕴含了丰富的防火元素。

黑色克火

乾隆帝下令为文渊阁铺设黑色瓦顶，以此来克火。古人认为物体表面被刷成黑色时，可以防止火灾的发生。在五行理论中，黑色对应水，而水能克火。

数字克火

乾隆帝在御制诗《趣亭》中写道：“书楼四库法天一。”乾隆帝下令建造的文渊阁、文津阁、文源阁、文溯阁，均模仿宁波天一阁而建。乾隆帝在诗中注解，天一阁的得名源于“天一生水，地六成之”。这是一种古老的厌胜术，即通过特定物件或布局来辟邪防火，以利于藏书。“天一生水，地六成之”这一观点源自先秦儒家经典《周易》。该书从阴阳角度将数字分为天数和地数两种，其中一、三、五、七、九为天数，寓意阳；二、四、六、八为地数，寓意阴。东汉儒家学者郑玄在《周

交泰殿南立面

储秀宫南立面

易郑注》中解释说，“天一生水于北”，“地六成水于北”，即一、六均位于北方，与五行中的水所处的方位相对应。文渊阁一层布局为六开间，各房间由书橱相隔，象征地；二层布局虽为六开间，但整体是一个贯通的一字形大开间，寓意天。古人认为，文渊阁的建筑布局包括数字一、六，寓意建筑本身蕴含水这一元素，因而能够达到防火的目的。

文渊阁外立面的开间数为六间，这在紫禁城里是独一无二的。紫禁城里的其他所有建筑的开间数均为单数，如交泰殿的开间数为三间，储秀宫的开间数为五间。

水草厌火

乾隆帝下令在文渊阁的顶棚天花部位装饰金莲水草的彩画图案，以达到厌火效果。水草即水生植物，古人认为水草是用于镇火的厌胜物。这一观念在文渊阁的装饰中得到了充分体现。

异兽避火

古人认为，异兽拥有非凡的能力，可用于避火。所谓异兽，即现实中并不存在的、由古人凭借丰富想象力创造的神兽。文渊阁建筑外檐的彩画中，包含了游龙负书和海马负书的图案。其中，游龙、海马均属异兽。游龙负书绘制的是一条在祥云之上蜿蜒前行的游龙，龙身驮有卷帙。龙在我国古代被视为神灵，具有上天潜渊、无所不能的神奇力量，在我国古代神话中专管司水布雨，因而被认为可以灭火。春

文渊阁彩画画样局部

太庙丹陛石上的海马

秋末期，思想家卜商在《子夏易传》卷一中写道："时乘六龙，以御天也。云行雨施，天下平也。"紫禁城里几乎每座古建筑的正脊两端均有龙头吻造型的装饰物，称为正吻，其主要寓意就是防火。海马负书绘制的是一匹在汹涌波涛中奔腾的马，马背上驮有书匣。先秦《山海经·海外北经》载："北海内有兽，其状如马，名曰騊駼。"騊駼是传说中善走的神马，因产于北海，故称为海马。清代学者彭元瑞的《五代史记注》卷六十二载有"海马骨，水火俱不能毁"，说明海马不仅能在水中疾行，而且不惧水火。海马负书，被认为有利于避火。

河水隔火

笃信以水克火的乾隆帝充分利用了紫禁城的水。紫禁城内有一条内金水河，水源来自北京西郊的玉泉山，从紫禁城西北角的护城河引入。紫禁城的地势北高南低、西高东低，内金水河由西北流向东南，流经文华殿以北的区域，由东南角的东华门流出，汇入护城河。紫禁城初建时，文渊阁的位置在文华殿的南面。明代官员黄光升在《昭代典则》卷十七中写道：“文渊阁在午门内之东，文华殿南，诸学士所居，以议政之所也。”乾隆帝下令复建文渊阁时，特命迁址于文华殿北面，与文华殿之间隔着内金水河。这样一来，文华殿即使有火患，也几乎影响不到文渊阁。不仅如此，内金水河提供了丰富的消防水源，一旦文渊阁遭受火患，救火人员可就近取水灭火。事实上，六百年间，紫禁城内金水河的水曾用于午门、太和门、武英殿等多座建筑的火灾扑救。

内金水河流经文渊阁前

文渊阁融合了古人的多种防火理念，既包括基于周易思想、水草厌火、异兽避火等主观意识的防火方法，也包括运用内金水河水源的切实可行的隔火措施。这些理念和措施相结合，共同构成了文渊阁独特的防火体系。

“门字无钩”与“熊能招火”

古人在生产力落后的条件下，因为对火灾的恐惧而在文字上产生了诸多避讳，比如写门字不能带钩，否则他们认为会勾起火灾；又比如熊字包括“能火”，熊类动物因而被视为火灾的隐患，被禁止入城。紫禁城的古代防火也受到了这些文化因素的影响。

门字不带钩

紫禁城内宫殿建筑数量众多，悬挂于各宫殿外部的匾额是解读建筑名称和功能的重要装饰物。这些匾额的书写多采用楷体，笔画工整、规矩严谨。按照楷体的书写惯例，门字须带钩。然而公众去故宫参观时，会注意到很多宫门匾额的门字并不带钩，最后一笔竖直而下，似乎为错字。以紫禁城中轴线上的各宫门为例，无论是外朝的午门、太和门，还是内廷的乾清门、坤宁门，其匾额上的门字均不带钩。这些门字之所以被“错误地”书写，与紫禁城的防火避讳密切相关。

从科学角度来看，建筑匾额上的门字是否带钩，与建筑本身是否会发生火灾不存在直接关联。然而南宋年间，临安城玉牒殿的一场火灾，却被认为是由门字带钩招致的。据《宋史》卷四十七记载，德祐元年（1275 年）十月，存放皇家族谱的玉牒殿失火：“癸卯，玉牒殿灾。”

午门匾额

太和门匾额

清人俞樾在《茶香室丛钞》中记载："宋都临安玉牒殿灾，延及殿门。宰臣以门字有勾脚带火笔，故招火厄。遂撤额投火中，乃息。后书门额者多不勾脚。"在南宋都城临安玉牒殿的这场火灾中，火势蔓延至殿门。有大臣认为殿门匾额上的门字带钩，招致了火灾。皇帝下令摘下殿门的匾额，投入火中，玉牒殿的火灾很快被扑灭。此后的明朝时期，无论是南京还是北京的宫城城门，其匾额上的门字均不带钩。

明人马朴在《谭误》中记载："太祖高皇帝初命中书詹希原，书太学集贤门，门字右直微钩起，上曰：'吾方欲招贤，原乃闭门，塞吾贤路耶？'遂杀之，而以粉涂其钩。"明代书法家詹希原为南京太学集贤门书写匾额时，将门字最后一笔带上了钩，自认为可显笔画遒劲。不料明太祖朱元璋看后大怒，认为这一钩阻挡了圣人贤士的发展之路，还违犯了防火的忌讳，于是下令把门字的钩削掉，并将詹希原处死。清人褚人获在《坚瓠集》九集卷四中提到："我朝南京宫城门额，皆詹孟举所书，北京大明门等额，皆朱孔易所书，门字俱无勾脚。"清末学者赵汝珍在《古董辨疑》中也指出："是门字之不钩，不仅避火，且忌其塞路也。今之北京城门，所有额书之门字，仍均无钩，盖即宋明之遗义。”门字不带钩，有防火的寓意。在清代，不仅紫禁城里的匾额上门字不带钩，京城城门上的门字也不带钩。

那么，门字不带钩是否真的可以避免火灾呢？答案当然是否定的。紫禁城最早的火灾就发生在午门。明永乐十三年正月，午门发生火灾。此外，太和门在历史上也数次遭受火灾，其中光绪十四年的火灾最为严重。由上可知，门字不带钩并不能起到防火的作用。

当然，紫禁城内并非所有宫门匾额上的门字都不带钩。位于紫禁城东部的宁寿宫建筑群，其锡庆门、衍祺门、养性门、宁寿门等宫门匾额上的门字均带钩，且勾画明显。宁寿宫建筑群始建于乾隆四十一年，是乾隆帝为自己退位后颐养天年而精心营建的场所，尽管他并未实际居住。各宫门匾额上的门字并不避讳带钩，部分匾额名甚至由乾隆帝亲自书写。可见乾隆帝并不认同门字带钩会引起火灾的说法。档案表明，紫禁城在清代历次遭受火灾，宁寿宫建筑群却从未遭受过严重的火灾。

紫禁城部分古建筑匾额中的门字被故意写“错”，这种独特的书写方式虽反映了一些古代帝王对防火的强烈愿望，但是并不能产生防火

锡庆门匾额

衍祺门匾额

的实际效果，也缺乏科学依据。这种避讳现象是古代生产力水平较低的背景下，人们面对自然灾害时的一种唯心观念的体现。然而对今天的公众而言，这是解读紫禁城防火历史文化的重要实物资料，也是紫禁城丰富历史的生动印证。

“熊能火”

从字形来看，熊字是上下结构，部首为灬，是一个形声字。熊字由能字和火字构成，本义为火势旺盛的样子，如熊熊大火。然而，正是由于熊字中包含能与火，熊这种动物也被古人认为与火患有着神秘的关联。

宋人马纯在《陶朱新录》中记载：“绍兴己酉，永嘉灾前数日，有熊自楠溪至江浒跃入小舟，渡至城下，初不惧人。命猎士杀之。时高开府世则寓城中，谓其倅赵元蹈曰：‘熊于字为能火，郡中宜慎火。’赵笑不以为然，果延烧居民舍十七八，独州治存焉。”绍兴为南宋皇帝赵构的年号，永嘉为今浙江省温州市下辖的一个县，楠溪江在今永嘉县境内，高世则为开府仪同三司（从一品官职）。高世则认为熊字由能和火二字组成，因此有诱发火灾的隐患。当他得知熊进入永嘉县后，告诫士卒赵元蹈要注意防火，赵元蹈不以为然。不久以后永嘉县果真发生火灾，烧毁了多间民房。尽管这只是一场巧合，但为后世防熊以防火的观念埋下了伏笔。

明人查继佐在《罪惟录》中记载了一段令人震惊的往事：“十一年戊午夏，熊入西直门，礼部毁；六月桂林府地陷九处，十月甲戌乾清宫灾。”此处的十一年即明弘治十一年，戊午指六月，甲戌指十二日。根据此文献的记载，一头大黑熊从西直门狂奔入北京城中，一路咆哮怒吼，城中百姓惊恐万分。不久后，礼部突遭火灾并被焚毁。当年十月十二日，乾清宫也惨遭火灾。

同样的记载也见于明人陈洪谟所撰的《治世余闻》：“戊午夏，京师西直门熊入城，守卫者不知，间有被伤者。大司马钧阳公谓：‘野兽入城非宜。’既参问守卫者，因乞严武事以备盗贼。时郴阳何主事孟春在职方，谓同列曰：‘熊之为兆，既当备盗，亦须慎火。’同列莫晓。未几，城内在处有火灾，礼部毁焉。或谓何：‘此于占出何书？’何曰：‘余不晓占书，曾记宋人纪绍兴己酉永嘉灾前数日，有熊自楠溪渡至城下。高世则谓其倅赵元蹈曰：“熊于字能火，郡中宜慎火烛。”果延烧官民舍十七八。予忆此事而云，然不意其亦验也。’”此处的大司马钧阳公为兵部尚书马文升，郴阳何主事孟春为兵部主事何孟春。弘治十一年，熊从西直门入城，马文升认为要加强盗贼防范，何孟春则认为要加强防火。不久之后，包括礼部和乾清宫在内的多所建筑果真遭受火灾。何孟春在解释自己为何能预见火灾时，引用了高世则的熊为火灾不祥之兆的观点。

尽管熊与火灾之间并无科学上的关联，但正因“熊能火”的迷信说法，在明代宫廷史料中，少有皇室猎熊的记载。这种古代防火信仰，也是我国古代消防文化的重要组成部分。

紫禁城里的西式“烂尾楼”

紫禁城有六百多年的历史，拥有丰富的历史记忆与文化遗产，其九千余间木结构古建筑，集中体现出我国古代优秀的传统文化。紫禁城里还有这么一座建筑，无论在建筑材料、建筑造型，还是建筑工艺

灵沼轩正立面

延禧宫烫样

方面，都有浓厚的西方特色，是中西建筑文化和艺术合璧的典范，且处于未完工状态，它就是灵沼轩。灵沼轩的前身为延禧宫，其烫样为皇家四合院样式。烫样可以帮助解读晚清时期紫禁城的防火信仰文化，以及灵沼轩的东西方建筑特色。

从烫样看延禧宫

紫禁城古建筑从设计到施工，一般遵循如下流程：皇帝颁布建造谕旨，传达给建筑主管大臣，大臣将旨意转达给负责建筑设计的部门——样式房；样式房依据皇帝的要求进行图纸设计，确定建筑主要部分的尺寸和做法，随后制作烫样，供皇帝御览；皇帝对烫样表示认可之后，样式房依据烫样绘制施工设计画样，编制做法说明，支取工料银两，进而招商承修，随后开工建设直至圆满完工。烫样也称烫胎合牌样或合牌样，指的是古建筑的立体模型。烫样一词较早见于清代

颐和园德和园大戏楼烫样

颐和园德和园大戏楼

梁国治等人纂辑的《钦定国子监志》卷五十四："辟雍殿前建琉璃牌楼一座，琉璃牌楼东南、西南角各建钟鼓厅一座，东北、西北角各建碑亭一座，烫样恭呈御览。"清代学者李斗在乾隆六十年所著的《扬州画舫录》卷十七中对烫样有如下定义："造屋者先平地盘，平地盘又先于画屋样，尺幅中画出阔狭、浅深、高低尺寸，搭签注明，谓之图说。又以纸裱使厚，按式做纸屋样，令工匠依格放线，谓之烫样。"清代的建筑模型之所以被称作烫样，是因为匠人们需用烙铁熨烫纸张或木片，使其成型。

烫样的模型一般用纸张、木头、秫秸、沥粉等材料加工而成。纸张一般选用元书纸、麻呈文纸、高丽纸和东昌纸，用于制作墙体和屋顶；木头一般选用红松及白松，用于制作梁架；秫秸用于制作截面尺寸较小的木构件；沥粉用于制作屋顶的瓦垄。烫样的加工工具包括簇刀、剪刀、毛笔、蜡油、水胶、烙铁等。簇刀和剪刀用于裁剪和修整模型，毛笔用于绘制线条和书写文字，蜡油用于浸泡纸张以增强其防水防污能力，水胶用于黏合不同材料，烙铁将材料熨烫成型。建筑群的烫样，呈现建筑群的总体布局和空间特征；建筑单体的烫样，反映建筑单体的构造组成、材料、色彩、造型等信息；建筑构件的烫样，展现建筑构件的具体构造特征。在烫样的关键部位还会贴有黄色标签，上面注明建筑的名称、尺寸、做法等信息。烫样是根据拟建造的古建筑制作的模型，一般根据实际需求缩小一定的比例，常见的比例有五分样（1∶200）、一寸样（1∶100）、二寸样（1∶50）、四寸样（1∶25）、五寸样（1∶20）等。

为什么紫禁城古建筑需要制作烫样呢？紫禁城古建筑的烫样和现在的立体模型作用相似，主要给皇帝展示拟建造建筑的三维效果，在功能上类似今天的建筑实体模型。一般的建筑平面图无法使皇帝获得建筑造型、内外空间、构造细节等方面的准确信息，烫样则可以提供直观且全面的参考，能够展现建筑的整体外观、内部构造、装修做法、色彩样式等方面的丰富信息，以便皇帝进行修改或做出最终决策。

在紫禁城的建筑营建过程中，烫样是皇帝确定建筑样式、构造、材料和工艺的关键依据。紫禁城内的建筑几乎都是按照烫样模型进行施工建造的。然而在紫禁城内，却有一座古建筑显得与众不同，它与烫样所代表的严谨建筑流程格格不入，成为紫禁城建筑群中的特殊存在。这座建筑就是延禧宫。延禧宫始建于明永乐十八年，为后妃的居住场所，原名长寿宫，清代更名为延禧宫。延禧宫在历史上多次着火，仅清代有记载的就包括道光十二年（1832 年）、道光二十五年（1845 年）和咸丰五年（1855 年）发生的火灾，其中最为严重的一次是道光二十五年五月二十二日晚 9 点发生的火灾。在这次火灾中，除宫门外，延禧宫内的所有房屋被焚毁殆尽。延禧宫是苍震门内西行南向的首座宫院。苍震门是宫内太监和匠役勤杂人等进出内廷的唯一通道，关防相对薄弱，火源因而极有可能被意外引入延禧宫内。

每次火灾之后，延禧宫都会被复建。据民国章乃炜在《清宫述闻》中的记载："同治十一年（1872 年）十一月，太监张伶喜口传奉旨：延禧宫工程，著照式修建。经总管内务府奏，明年方向有碍，拟先勘估，如后年方向相宜，即行修建。"由烫样模型可知，延禧宫由前院和后院组成。前院入口为一座琉璃墙宫门，入门后有一座木质影壁。前院主殿为五开间，前出廊，覆盖黄色琉璃瓦，采用单檐歇山式屋顶。前院配殿为三开间，前出廊，覆盖黄色琉璃瓦，采用硬山式屋顶。近琉璃门处有一座倒座房。后院主殿为五开间带耳房，无廊子，覆盖黄色琉璃瓦，采用硬山式屋顶；东西配殿为三开间，前出廊，覆盖黄色琉璃瓦，采用硬山式屋顶。前后院的配殿之间，建有东西两座体量较小的建筑。前后院通过前院主殿两侧的游廊连通，游廊也作为出入口。

烫样上有若干黄条，其主要文字信息如下。其一，“遵旨照长春宫式样。”延禧宫的烫样是按照西六宫的长春宫制作的。长春宫面宽五间，进深三间，前出廊，采用七檩单檐歇山式屋顶。延禧宫原有的建筑形式与长春宫类似。其二，“添盖大殿一座，五间，明间面宽一丈七尺七寸，二次间各面宽一丈六尺五寸，二稍间各面宽一丈二尺。进深一丈七尺五寸，前后廊各深七尺。檐柱高一丈一尺一寸。台明高二尺。”前院主殿为五开间三进深，前后出廊。建筑位于二尺高的台明之上，各房间的长宽尺寸、柱高尺寸均已明确。实测结果表明，上述主要尺寸

延禧宫烫样上的部分文字信息

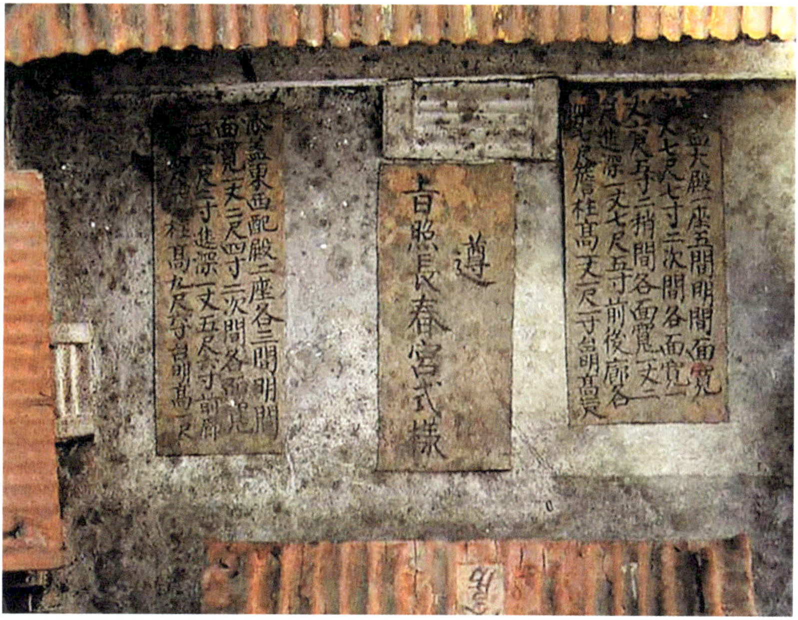

长春宫主殿外立面

与长春宫主殿的建筑尺寸基本吻合。其三，“添盖东西配殿二座，各三间。明间面宽一丈二尺四寸。二次间各面宽一丈二尺二寸。进深一丈五尺六寸。前廊深四尺。檐柱高九尺六寸。台明高一尺。”主殿东西两侧各设配殿，即东配殿和西配殿。二配殿的建筑形式完全相同，各配殿均为三开间，前出廊，檐柱、台明的高度均低于主殿（建筑总高低于主殿）。而长春宫也带有东西配殿，各配殿均为面宽三间，前出廊，硬山式屋顶，与烫样的造型相同。依据延禧宫烫样所记录的相关信息，并且参照长春宫的建筑现状，不难分析出延禧宫在未被焚毁时的建筑样式。它是一个体量相对较小、以主殿和配殿为主体的建筑群，具有传统梁柱连接的特征，屋顶覆盖黄色琉璃瓦，整体呈现出中国传统四合院式的建筑风格。

西式“烂尾楼”

出乎意料的是，现存延禧宫的主殿位置上，矗立着一座中西杂糅、造型奇特的建筑。不仅如此，这座建筑的名称也不叫延禧宫，而被改称灵沼轩。灵沼轩堪称紫禁城内古建筑的异类。它的建筑结构和建筑材料既与烫样毫无关联，又与紫禁城内传统的中国古建筑样式格格不入。不仅如此，这座建筑至今还处于未完工状态。这是为什么呢？

清宣统元年（1909年），隆裕太后听从太监小德张的建议，决定在延禧宫的遗址上盖一座“不怕火的建筑”，同时也能满足皇宫休闲娱乐的需求，她将其命名为灵沼轩。清代学者徐珂在《清稗类钞·宫苑类》中描述了灵沼轩的兴建原因及命名缘由：“大内御花园东，有土阜一区，向以日者之言，不宜建筑，宣统己酉，兴修水殿，四围浚池，引玉泉山水环绕之，殿上窗棂承尘金铺，无不嵌以玻璃，隆裕后自题匾额，曰灵沼轩，俗呼为水晶宫。”灵沼轩由隆裕太后命名，水源来自玉泉山。民国学者陆保璿在《满清稗史》卷二十九中也对灵沼轩的建筑特征和停工原因进行了记载：“在宁寿宫西数丈，掘地为池，深丈余，宫立水中央，凡三层，层九间，又四角各有一亭，计三十九间，以铜作栋，以玻璃为墙，四望空明。入其中者，如置玻璃世界，墙之夹层中，置水蓄鱼，下层地板亦以玻璃为之，俯首而窥，池中游鱼，一一可数，荷藻参差，青翠如画，地板又可开关，时或揭起，驾小舟直达宫外。中层、上层地板亦用玻璃。上层顶上，更有玻璃缸数事，为蓄鱼之需。楼梯皆置宫外，由东南亭内，曲折环绕，渐升而不自知也。不意工程未竣，辛亥革命，以紫禁城内空前新颖之建筑，乃告中途停顿。”

根据上述描述和灵沼轩现存建筑的实际情况，可以勾勒出灵沼轩的想象图：灵沼轩共有三层，包括地下一层和地上两层；宫殿建在预

灵沼轩复原想象图

先挖好的水池中央，水池内养鱼可供观赏；宫殿采用铸铁作为立柱，墙体的窗户上镶嵌玻璃，以便观鱼；池水引自内金水河，且可通过内金水河坐船出宫；宫殿每层有九间石质房间，四角各附加一座铁质亭子，合计三十九间；四面出廊，四角与铁亭相连，设有旋转铁楼梯供上下通行。从防火的角度来看，灵沼轩采用钢、石材料作为建筑承重结构，相较于紫禁城内以木材为核心承重材料的建筑，的确不容易着火。此外，灵沼轩地下一层还有水池，能有效防止火势的蔓延。由于辛亥革命的爆发，清政府被推翻，灵沼轩开工三年后便停工，至今仍未完工。延禧宫烫样成为紫禁城内几乎唯一一件与建筑实物完全不符的烫样。

灵沼轩的建筑命名、建筑造型、建筑材料等变化的根本原因，在于延禧宫在历史上多次遭受火灾并重建。清宣统元年最后一次复建时，隆裕太后下令采用不怕火的材料和西式建筑风格，并将其命名为灵沼轩，意在以水克火。晚清政府的衰落使得这座采用新材料、拥有独特造型的防火建筑始终未能完工。延禧宫烫样具有极其重要的历史价值，它记录了延禧宫在清同治及之前的建筑风貌：延禧宫曾与东六宫其他院落建筑一样，是一座典型的中式木结构建筑，其建筑风格与东六宫其他建筑一脉相承。由此可见，烫样是揭示古建筑在不同历史阶段发展变化的关键凭证。

灵沼轩的西方元素

灵沼轩的建筑造型出自德国设计师之手，具有一定的欧洲建筑风格。石质立柱的基座部分和多立克柱式极为相似，柱头部分则保留了爱奥尼柱式的经典造型，门窗洞顶均采用圆拱设计。罗马式教堂在窗户、门和拱廊上广泛运用这种结构，使圆拱形的穹顶与大地紧密地融为一体，又以向上隆起的形态表现出与现实大地的分离。

灵沼轩的建造采用了当时德国最先进的工艺。铸铁柱与工字钢横梁采用了螺栓连接的方式，这与我国传统木结构古建筑的榫卯连接方式有着明显的区别。中心亭的屋顶铁皮基层上焊接了大量鳞片状锌片和飞鸟造型的镀锌材料。19 世纪电解炼锌技术发明以后，锌板便被广泛应用于西方雕塑和建筑物的顶部装饰，并在不久后应用到紫禁城里。墙体内壁贴有德国进口的瓷砖，瓷砖用于墙体装饰始于 19 世纪的德国，这与紫禁城古建筑室内墙体通常采用的抹灰或裱糊做法有着明显的区别。需要特别指出的是，铸铁、钢材、瓷砖、锌板等材料比木材耐火，这也是它们被选为灵沼轩营建材料的主要原因之一。

圆拱顶及两侧立柱

铸铁柱与工字钢的螺栓连接

中心亭屋顶造型

墙壁内侧的瓷砖

此外，灵沼轩的窗户上安装了厚达3.5厘米的玻璃。玻璃之于欧洲文化，就如同陶瓷之于中国文化，占据着不可或缺的地位。11世纪，德国发明了玻璃吹制法：将玻璃液吹成圆筒形，在玻璃仍处于高温时将其切开并摊平，制成最初的平板玻璃。从那以后，玻璃开始被广泛用在建筑物的窗户上，最典型的就是中世纪教堂里的彩色玻璃。相比之下，紫禁城的传统建筑门窗多采用纱或油纸作为采光和挡风材料，玻璃窗户在当时无疑是一种时尚设计。不难理解，灵沼轩的玻璃制作工艺也源自当时玻璃技术非常发达的德国。玻璃比木材耐火，其透明特性能满足室内人员通过玻璃观鱼赏景的需求。

灵沼轩虽建造于紫禁城中，却融合了丰富的西方文化特色，并采用了当时世界上最先进的建筑技术。

灵沼轩窗户玻璃

当然，作为我国清代皇宫建筑的重要组成部分，灵沼轩所蕴含的东方文化元素也十分丰富，比如门券洞正上方的二龙戏珠图案。画面中，两条祥云之上的游龙相向而视，戏要着一颗宝珠。二龙体形对称，龙体蜿蜒修长，宝珠圆润饱满，在构图上具有一种独特的美感。龙是我国古代神话传说中的神异动物。东汉文字学家许慎在《说文解字》卷十一下中记载："龙，鳞虫之长，能幽能明，能细能巨，能短能长，春分而登天，秋分而潜渊。"龙是有鳞动物的首领，可变大变小，春分时节腾跃于天际，秋分时节潜藏于渊底。龙常被用来象征祥瑞和帝王的权威及尊贵。龙珠被认为是龙体内分泌的珍珠，南朝梁文学家任昉在《述异记》卷上中提到："凡珠有龙珠，龙所吐者。"古人认为龙珠可避水避火，是吉祥的象征。二龙戏珠中的二龙，通常被解释为雌雄

二龙戏珠

二龙。有现代学者认为，二龙戏珠的动作可能源自二龙交尾时的姿态，该姿态被认为具有避邪御凶的神奇力量。

灵沼轩是紫禁城里的西式“烂尾楼”，其营建与晚清政府的防火需求密切相关，其烂尾的命运则源于清政府的倒台。尽管如此，灵沼轩成为近代东西方文明、文化、艺术交流的重要见证，是我们研究世界近代建筑史、建筑理念、建筑材料、建筑技艺等的宝贵实物资料。

五行生克与防火

紫禁城古建筑的防火文化，体现在五行相生相克的理论之中。具体而言，这一理论包括五行中的北为水、五行相生中的金生水，以及五行相克中的水克火（黑色克火）。

五行、五方与五色

古人通过金、木、水、火、土五种元素来反映世界的基本构成，各元素合称为五行。《尚书·洪范》载:“五行：一曰水,二曰火,三曰木,四曰金,五曰土。水曰润下,火曰炎上,木曰曲直,金曰从革,土爰稼穑。”水具有向下滋润的特性，火的特性是向上燃烧，木可以由曲变直，金具有变革和肃杀的特性，土则可以用于种植和收获庄稼。不仅如此，五行与方位存在密切的联系。其中，金代表西方，木代表东方，水代表北方，火代表南方，土代表中央。汉代哲学家董仲舒在《春秋繁露》卷十一中提到:“是故木居东方而主春气，火居南方而主夏气，金居西方而主秋气，水居北方而主冬气，是故木主生而金主杀，火主暑而水主寒……土居中央，为之天润。”这段话阐明了五行的特点，揭示了五

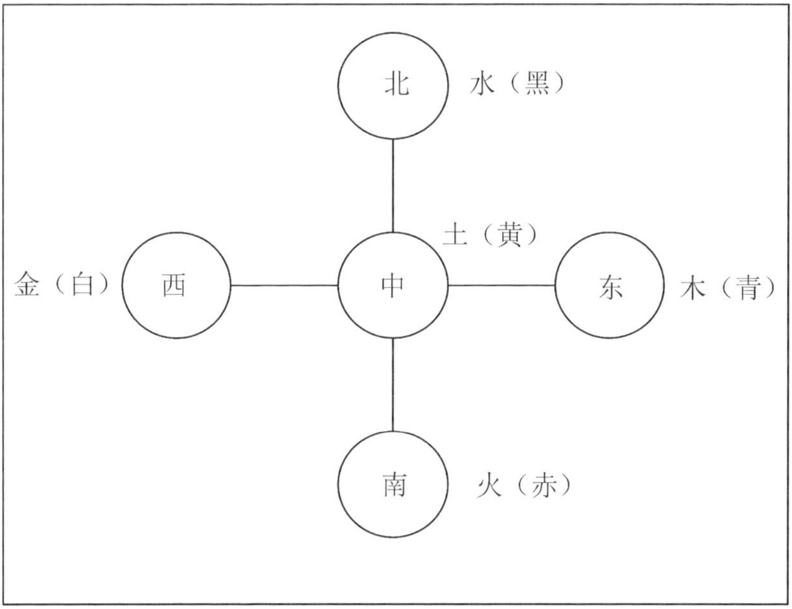

五行、五方与五色

行与五方的对应关系。五方又与五色有对应关系：东方对应青色，西方对应白色，南方对应赤色，北方对应黑色，中央对应黄色。《礼记正义》卷二十九载：“色，谓天龟玄、地龟黄、东青、西白、南赤、北黑。”五行、五方、五色相互联系，相互映射。

北为水

紫禁城中轴线区域北部的钦安殿内，供奉的是真武大帝。真武大帝是道教中的水神，具有治理火患的神力。钦安殿之所以被选址于北部区域，其主要原因与五行五方理论中的北为水理念密切相关。

钦安殿前方的天一门，其命名也与北为水的理念密切相关。天一一词源于“天一生水，地六成之”这一经典表述。天一隐喻着天地、阴阳及其转换的过程，是自然万物的起源。古人以五行概括宇宙万物，以水为本，因而有“天一生水”之说。“地六成之”意为地数为六，代表着大地承载天上降落的水。地六与水密切相关，水的特性使其能够克火。

钦安殿内真武大帝像

金生水

古人认为五行之间存在着一种相生关系：木生火、火生土、

天一门外立面

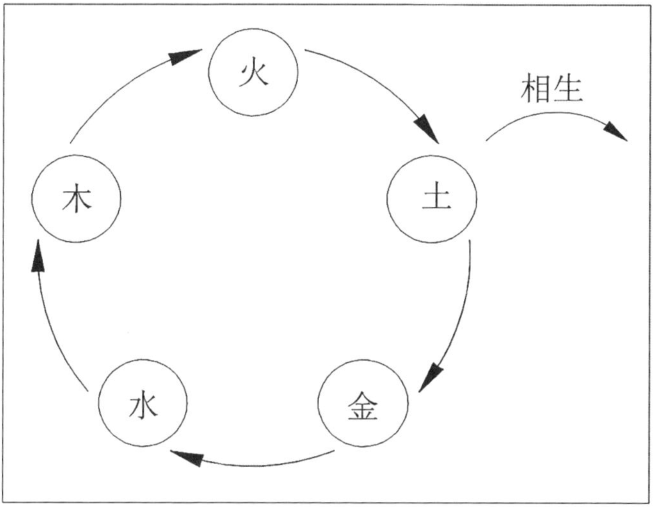

五行相生示意图

土生金、金生水、水生木。清代学者陈立在《白虎通疏证》卷四中对此进行了详细阐释:“木生火者，木性温暖，伏其中，钻灼而出，故生火；火生土者，火热故能焚木，木焚而成灰，灰即土也，故火生土；土生金者，金居石依山，津润而生，聚土成山，山必生石，故土生金；金生水者，少阴之气，温润流泽，销金亦为水，所以山云而从润，故金生水；水生木者，因水润而能生，故水生木。”

紫禁城部分宫殿前放置着铜缸或铁缸，缸内均存有水。这些宫殿距离内金水河、宫井等水源较远，当它们遭受火患时，缸中的水便成为灭火的主要水源。之所以不用其他材料制成的缸，主要原因与五行相生中的金生水理念有关。《春秋繁露》卷十中提到:“木生火、火生土、土生金、金生水。”其中金生水反映出古人注意到金属矿物多与水相伴而生。先秦古籍《山海经·南山经第一》载:“其首曰招瑶之山，临于西海之上。多桂，多金玉……麗水出焉，而南流注于虖勺，其中多黄金。”

保和殿前的铜缸

金属矿石位于西海之滨，闟水河中有很多金沙。先秦古籍《管子·地数第七十七》载："而葛卢之山发而出水，金从之……雍狐之山发而出水，金从之。"葛卢山、雍狐山山洪过后，金属矿石随之露出。

紫禁城内另一个体现金生水理念的建筑布局实例是西部区域的武英殿。从清康熙时期起，武英殿便成为宫中刻书处，大量书籍在此刊刻。《武英殿聚珍版丛书》即为乾隆三十八年（1773 年），乾隆帝下令从《永乐大典》中摘选珍本一百三十八种，在武英殿内排字付印而成的。由于纸张易燃，而西部区域在五行中属金，依据金生水的理念，水能灭火，位于宫中西部区域的武英殿被认为有利于纸张的防火。

武英殿外立面

水克火

古人认为五行之间还存在相克（胜）关系，即二者之间有此消彼长、相互制约的规律。隋朝学者萧吉在《五行大义》卷二中提到：“克者，制罚为义，以其力强能制弱，故木克土，土克水，水克火，火克金，金克木。”此处的克字有压制之意。明代学者孙瑴在《古微书》卷二十二中也提到：“五行所以相害者，天地之性。众胜寡，故水胜火也；精胜坚，故火胜金；刚胜柔，故金胜木；专胜散，故木胜土；实胜虚，故土胜水也。”这些论述揭示了五行相克的内在逻辑。古人根据生产和生活经验认为，水能灭火，火能熔化金属，金属工具可以锯木，树根可以破坏土壤结构的完整性，堆土则可以阻挡水患。

紫禁城文华殿区域的文渊阁，其瓦顶选用了黑色。古人认为，物

五行相克示意图

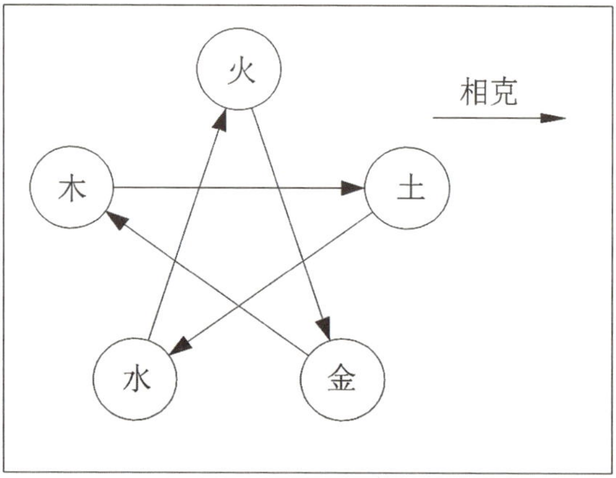

文渊阁正立面

体表面被刷成黑色，可以有效防止火灾的发生，其理论基础正是五行相克中的水克火。在五行体系中，水对应黑色，因而文渊阁的瓦顶被确定为黑色，以达到克火的目的。文渊阁的瓦顶颜色尽管与其周边建筑形成鲜明的对比，但从五行的角度来看，这种设计可以满足克火的需求。

皇家宫殿的防雷

在紫禁城的历史中，雷击是引发火灾的重要诱因之一。

据史料记载，紫禁城在明代至少遭受了十六次雷击，清代至少有四次。宫内遭受过雷击的建筑有太和殿、中和殿、保和殿、奉先殿、端门、午门等十余座。其中，三大殿在明永乐十九年四月庚子（1421 年 5 月 9 日）、嘉靖三十六年四月丙申（1557 年 5 月 11 日）、万历二十五年六月戊寅（1597 年 8 月 1 日），均因雷击失火而被焚毁。《大明太宗文皇帝实录》卷二百三十六载:“永乐十九年四月初八日,奉天等三殿灾。”波斯使臣火者·盖耶速丁·纳哈昔在《沙哈鲁遣使中国记》中描述了明永乐十九年三大殿失火的场景:“这天晚上，由于天意，碰巧发生大火，其起因是空中的雷电击中了皇帝新建的宫室顶……烧死了很多男人和女人。”建筑遭受雷击的后果非常严重，古人对建筑防雷的重视程度也因此不断提升。

雷击原因

研究表明，紫禁城所在区域的雷电灾害主要发生在 5 月至 9 月，其中 6 月至 8 月占总雷击事件的 87.23%，尤其是 8 月，占比高达

34.04%；5 月的雷击事件最少，仅占 4.26%。其他月份则几乎没有雷电灾害记录。紫禁城古建筑群遭受雷击，与以下因素相关。

首先，紫禁城所处的地理环境具有特殊性。北京地区的雷击分布总体呈现从西山经八里庄、紫禁城、朝阳门、十八里店、宋家庄、白子湾直至通州的走向。这使得紫禁城成为易受雷击的区域。紫禁城的四周环绕着护城河（又称筒子河），地下有四条古河道直通护城河，这使得紫禁城的建筑基础处于潮湿的环境中。紫禁城地势北高南低，南部的三大殿、午门等建筑地下水水位较高，这进一步增加了其遭受雷击的风险。前朝三大殿位于南部开阔地带，且建筑高度较高，这也使得三大殿更易遭受雷击。紫禁城所在区域的电阻率相对其他区域更低，容易导电，这也是紫禁城古建筑易遭受雷击的重要原因。

紫禁城东段护城河区域

其次，紫禁城古建筑的立面造型特点，使其更易遭受雷击。紫禁城古建筑屋顶正脊两端的螭吻、屋面前后坡前部的脊兽、攒尖类屋顶正中的宝顶等突出部位，为雷电放电提供了有利条件。以螭吻为例，其遭受雷击的史料甚多。《明史》卷二十八记载：“正统八年五月戊寅，雷震奉天殿鸱吻……九年正月辛亥朔，雷电大雨。闰七月壬寅，雷震奉先殿鸱吻……万历三年六月己卯，雷击建极殿鸱吻。壬辰，雷击端门鸱尾。”《大明武宗毅皇帝实录》卷十六记载：“今春以来灾异叠出，郊坛、太庙、奉天殿鸱吻脊兽，俱为震雷所击。”《大明世宗肃皇帝宝训》卷一记载：“（嘉靖十年）六月癸亥辰刻，雷击午门角楼垂脊，并西华门城楼西北角柱。”有学者统计发现：螭吻和脊兽是最容易遭受雷击的

屋脊端部的螭吻

构件，其次才是屋顶瓦件、门窗等其他构件。

再次，紫禁城古建筑虽以大木结构为主，但仍含有部分金属构件，这些金属构件容易导电。隔扇上的铜质把手与门环，悬挂匾额的铁钩，用于加固大木构件的扁铁、扒锔子等，都会增加电荷量的饱和程度，并加速电场的畸变，从而易使上行先导和下行先导在此会合，促使雷击发生。《明史》卷二十八记载，崇祯十六年（1643 年）“六月丙戌，雷震奉先殿鸱吻，槅扇皆裂，铜环尽毁”。铜环因感应电流而发热烧毁。1987 年 8 月 24 日晚，景阳宫的吻兽遭受雷击，电流通过雷公柱传导至建筑明间上部木质匾额背后的铁钩（用于将匾额固定在额枋上），引发了放电现象并引燃了匾额。

太和殿隔扇上的铜环

坤宁门匾额与建筑之间的铁钩连接

螭吻铁链不避雷

紫禁城内尺寸较大的螭吻两侧，均设有铁带拉接。铁带末端连接着铁链（又名吻索），沿着瓦面向下延伸。自古以来便有人认为该铁链具有避雷作用。葡萄牙传教士安文思于明崇祯十三年（1640 年）来华并长期传教，他在《中国的十二大奇迹》一书中提出了螭吻和铁链能够避雷的观点："巨兽（指螭吻）的舌头指向空中。其腹内穿过金属条，金属条一端插入地里。这样，当闪电落在屋上或皇宫时，闪电就被龙舌引向金属条通路，直奔地下而消散，因而不致伤害任何人。"某些现代学者也认为，铁链有助于放电，因而有利于保护古建筑。

然而，实际上这些铁带和铁链并无避雷功能。铁链的末端并未从

螭吻两侧的铁带与铁链

铁链端部的索钉

屋顶延伸至地面，而是仍留在瓦面上，并通过索钉固定在瓦件上，因此它们无法将雷电引入地下，也就无法实现避雷效果。在我国古建筑工程领域，铁带和铁链的实际功能是固定螭吻，防止其因地震、大风等外力作用而发生歪闪或移位。大量史料显示，螭吻往往是极易遭受雷击的部位，太和殿、午门、端门、角楼等建筑的螭吻，都曾在历史上多次遭受雷击。这些事实进一步证明，固定螭吻的铁链并不具备避雷效果。

雷公柱不防雷

所谓雷公柱，是古代工匠为避免建筑高耸部位遭受雷击而设计的一种构件。在攒尖屋顶类建筑（如中和殿）的宝顶下方，会安装一根立柱，其下部落在一根梁上；在庑殿屋顶类建筑（如太和殿）的螭吻下方，同样会安装一根立柱，其下部也落在一根梁上。这些立柱被称为雷公柱，而梁则被称为太平梁。雷公柱和太平梁的寓意十分明显：通过赋予这些构件特殊的名称，人们希望建筑的高耸部位可以免受雷击。攒尖屋顶类建筑的特点是屋脊向上汇聚于一点；而庑殿屋顶类建筑则具有四面坡、五条脊的结构。有现代学者认为，古建筑遭受雷击

中和殿外立面

中和殿屋顶内的太平梁及雷公柱

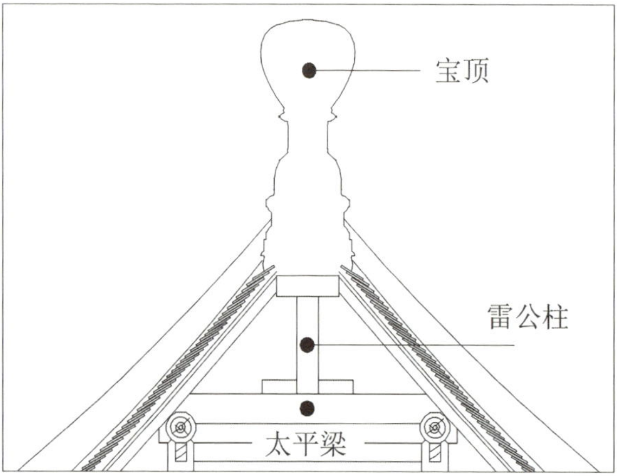

太和殿外立面

太和殿屋顶内的太平梁及雷公柱

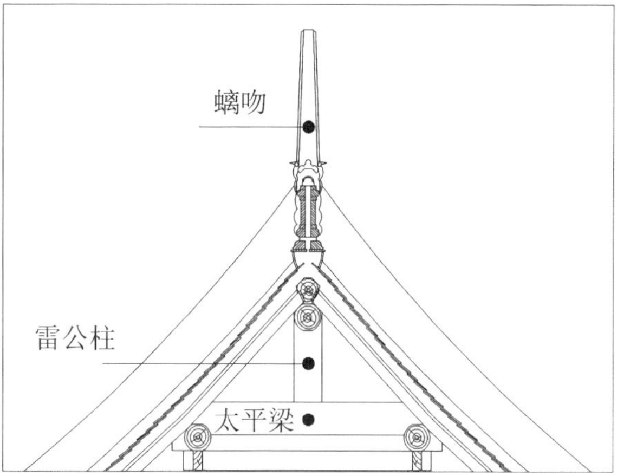

后，电流会通过雷公柱、太平梁，向下传递至立柱，最终传导至地下，从而起到防雷效果。

实际上，无论是雷公柱还是太平梁，均不具备防雷功能。紫禁城古建筑并未因这些构件的存在而免遭雷击，太和殿即为例证之一。紫禁城古建筑内的梁、柱均为木质材料，属于绝缘体，不能接闪，因而雷电不可能通过雷公柱、太平梁传导至地下。关于雷公柱遭受雷击的案例，也屡见不鲜。1987 年 8 月 24 日，东六宫的景阳宫遭受雷击，雷击部位正是雷公柱，由此引发的火灾也源于雷公柱。同为皇家建筑的明十三陵长陵祾恩殿，于 1957 年 7 月 6 日遭受雷击。雷电击毁了建筑西侧的螭吻，并沿着螭吻下方的雷公柱、太平梁向下传递，将天花板劈裂，震出下方楠木木柱的三道裂缝，并造成若干人员伤亡。

雷神不灵验

雷神信仰源于我国古代先民对于雷电的自然崇拜。雷雨交加之时，雷声隆隆，电光闪闪，雷电常常击毁建筑，诱发火灾。古人以为这是天神发怒，因而心生恐惧，对其顶礼膜拜。明清两代皇帝为祈求雷神护佑，兴建了多处供奉雷神的场所，如大高玄殿内的九天应元雷坛、天坛圜丘坛的风雨雷之神位，以及西华门外的雷神庙——昭显庙。然而，这些雷神并未能显灵，保护建筑免受雷火之灾。

大高玄殿位于紫禁城北门外，是明清两代尊奉三清（天宝君、太上道君、太上老君三位尊神）的皇家道观，由嘉靖帝朱厚熜下令建造。嘉靖帝一生痴迷修道，二十多年不理朝政。据《明史》记载：朱厚熜听从道士陶仲文的建议，于嘉靖二十一年十月初十建造大高玄殿，专门用于斋醮。大高玄殿的主体建筑包括三座门、大高玄门、钟鼓楼、正殿大高玄殿、后殿九天应元雷坛，以及象征天圆地方的两层楼阁。

九天应元雷坛外立面

在道教中，九天应元雷坛被认为是雷神的居所，九天应元雷神普化天尊是雷部的最高神。《历代神仙通鉴》称他“主天之灾福，持物之权衡，掌物掌人，司生司杀”。然而，雷神并未能护佑大高玄殿。据明人何乔远的《名山藏》记载，嘉靖二十六年十一月初一，嘉靖帝偕皇后方氏及宫眷至大高玄殿举行斋醮科仪，焚香、念咒、画符、祈祷，一连五日。十一月初五夜，参与道场斋醮的众人已十分困倦，有道士焚香不慎引发火灾。

位于北京市东城区永定门大街东侧的天坛，是明清两代皇帝祭天、祈谷和祈雨的场所。天坛内的圜丘坛始建于明嘉靖九年（1530 年），清乾隆十四年（1749 年）重建。坛分三层，最大直径约 54.9 米，总高约 5.17 米。据《谕对录》记载，大学士张璁在嘉靖九年四月十四日的

圜丘坛外立面

奏对中提到："臣又思圜丘、方泽坛制各三成，上为昊天上帝、皇地祇正位也，次为大明、夜明、五岳、五镇，又次为星辰、太岁、风雨雷电、四海、四渎、山川等神皆从位也。具载《存心录》并《祭祀礼仪》，今皇上遵复圣祖初制，所宜从之。"《谕对录》和《大明会典》的记载显示，嘉靖九年建成的圜丘第一层设上帝正位、明太祖配位；第二层东北设大明之神一坛，五星、二十八宿、周天星辰一坛；第二层西设夜明之神一坛，云、雨、风、雷之神一坛。然而，即便圜丘坛上设有雷神位，天坛仍然没有避开雷击。

天坛内的祈年殿始建于明永乐十八年，但在光绪年间被雷击毁。光绪十五年八月二十四日，雷雨交加，祈年殿因雷击起火。当年九月初四的《申报》在《天坛火灾详述》一文中记载了火灾的场景："二十四

祈年殿外立面

日未正后，天阴如墨，雷电在空际盘旋。俄闻霹雳一声，雷电从空而下，直向祈年殿外前面所悬之额击去，额随雷坠落陛上，碎如齑粉，盖电火已将悬额楣木燃着，须臾火起自殿内，火焰从周围隔扇上窗楣向外冲冒，桅梁尽火，烟焰上凌霄汉，势甚汹汹。坛户叫报外项值班及地方官、弁五城、水会先后至，太常侍官亦至……各水会奋力扑救，无如殿宇过高，水激不及，间有猛力以水激扑火处，然杯水车薪，无济于事。时虽大雨，惜为殿上琉璃亭顶所隔，雨水未能下注……火势愈燃愈猛，直至初更，殿亭上盖坠落，亭之饰金大顶落于西坠石栏之下，栏与顶均皆粉碎。当是时也，附近数里闻香气扑鼻，街巷照如白昼。及殿顶琉璃瓦片陨落后，水会亦能施力扑救……其火直至夜半三更后，始行扑灭。”

光绪帝认为这是上天示警，因此君臣必须共同警醒，谨慎修省，改善政事。《东华续录》载光绪帝上谕：“火灾示警，朕心寅畏实深，惟有益加兢惕，宵旰孜孜，励精图治。”我们今天看到的祈年殿，为清光绪二十二年（1896 年）复建而成的建筑。

位于北京市西城区北长街 71 号的昭显庙（今北京市北长街小学内），始建于清雍正十年。作为清朝北京城中唯一的皇家庙宇，昭显庙专门用于奉祀雷神。每年立夏后的申日，皇帝会派皇子或官员前往祭祀，祈求一年风调雨顺。乾隆朝《钦定大清会典》卷八十八载：“建昭显庙紫禁城之西，以奉雷师之神，岁以立夏后申日致祭。”然而，即便皇帝遣人祭祀雷神，宫中失火事件仍时有发生。

太和殿前广场东侧的体仁阁，设有重楼九间，是康熙帝举行博学鸿词科考试的地点，还一度存放过努尔哈赤、皇太极、顺治的画像。清乾隆四十八年（1783 年）六月初三夜，雷雨大作，体仁阁被雷电击

昭显庙外立面

体仁阁外立面

中后起火，大火直到次日清晨才被扑灭。《大清高宗纯皇帝实录》载："初三日亥刻雷雨，体仁阁失火。初四日寅刻，始行救熄……此次失火，正值雷电交作……盖雷火先从西直门北角楼焚起，乃自西而东南，越过太和殿，殿基高于体仁阁，仅止将阁烧毁。"乾隆帝认为，此次体仁阁失火是雷神对自己的警示，提醒自己要慎火，虽然体仁阁被烧毁，但延烧情况并不严重，乾隆帝表示："且存贮物件，不过备赏缎匹等项，无关紧要，朕心实以为幸。"他于当年下令重修体仁阁。

古人通过祭祀雷神，祈求神灵庇佑，以期避免建筑遭受雷击并诱发火灾。单纯的祭祀和对雷神的祈求，并不能从根本上解决建筑的防雷问题。

绝缘材料助防雷

雷电是大气中的一种放电现象。干燥的绝缘材料电阻率较大，自身几乎不导电，因此能够在一定程度上避免雷电的袭击。我国古人早已利用石、木、土等绝缘材料来防雷。唐代文学家、书法家欧阳询等人所撰的《艺文类聚·天部下》中记载："重母畏雷，为石室避之。悉以文石为阶砌。"孝子樊重因母亲惧怕雷电，砌筑了一间石室，并铺设了石阶，供母亲避雷。同卷还记载："凌云台东南角一百步，有白石室，名为避雷室。"这说明古人通过用石头砌筑房屋来避雷，并称其为避雷室。

紫禁城古建筑的建造材料大多属于绝缘材料：其屋顶采用的是黏土质琉璃瓦，瓦下是土质灰背，灰背之下则是木质椽子、望板和梁架；建筑的核心受力骨架由木梁、木柱组成的框架构成；起围护作用的墙体为砖石材料；建筑地基则主要由碎砖、灰土分层叠加而成。这些建

紫禁城古建筑的地基

筑材料均不易导电，因此在一定程度上有利于减轻雷击所造成的破坏，尤其是在室内等干燥环境条件下。然而，从历史记录来看，紫禁城在遭受雷击时，受损较为严重的多是三大殿区域的建筑。

慈宁宫大佛堂螭吻上的避雷针

避雷针助防雷

避雷针又名接闪杆、防雷针，是一种导电金属体，可保护建筑避免遭受雷击。避雷针的工作原

临溪亭宝顶上的避雷针

脊兽上的避雷带

避雷接地

理是将雷电引入自身，通过引下线和接地装置将雷电导入地下，从而保障建筑的安全。1955 年 8 月 8 日晚，午门雁翅楼东北、东南两角亭遭雷击受损。文化部文化事业管理局在批复维修方案时，明确提出了安装避雷针的要求，并强调在故宫古建筑的防雷保护中加以落实。自此，故宫内各古建筑逐渐配备了避雷针。

在选择避雷针时，充分考虑了古建筑的结构类型、使用情况和美观要求，采用了不同的安装形式。对于有正脊的屋顶，在正脊两端安放避雷针，将其安装在螭吻之上；针高约 1.5 米，材料为紫铜，针尖采用鎏金或镀金工艺。对于攒尖类屋顶，则在宝顶正中安装避雷针，在脊兽上部安装避雷带（材料与避雷针相同）。屋顶部位的接地线路被隐蔽在筒瓦之中，使屋面上看不出线路痕迹，尽量保持古建筑原有的艺术风貌；接地线路到达地面时，采用镀锌钢管进行保护，并将其深埋于地下，以防止跨步电压对人员造成伤害。

避雷针的应用，将古建筑遭受雷击的受损程度降至最低。1957 年 7 月 12 日，东华门避雷针的鎏金部位出现电伤痕迹。1993 年 8 月，钟粹宫西吻兽上安装的避雷针成功接闪。1996 年 8 月，长春宫西吻兽上安装的避雷针两次接闪。这些事实充分说明，安装的避雷针发挥了引雷作用，有效保护了古建筑。

紫禁城古建筑在历史上多次遭受雷击，主要原因与其所处的地理环境、立面造型特征和金属构件等因素有关。铁链避雷、雷公柱防雷、雷神护佑等传统观点，均缺乏科学依据。紫禁城古建筑的营建材料多为绝缘体，这在一定程度上有利于减少雷电的破坏。而避雷针的应用，则进一步提升了紫禁城古建筑的防雷保护水平。

唧筒

麻搭

第五章

古代科学防火方法

在与火灾长期斗争的过程中，紫禁城的历代保护人员积累了丰富的防火经验，其中蕴含了许多科学的方法。内金水河的弯曲设计，使其能够充分接近部分宫殿建筑，及时提供消防水源。距离内金水河较远的宫殿区域则多设有水缸，用于存储充足的消防用水，以便及时扑灭火源。隔断墙、院墙、封后檐墙、硬山山墙等不同形式的防火墙，均以砖为主要建筑材料，具有良好的隔火性能。部分建筑更是以石头代替木材作为核心材料，从而显著提升了建筑的防火性能。在灭火设备方面，清代紫禁城配备了唧筒、水龙等借助机械作用灭火的先进工具。在火灾警情传递方面，古代紫禁城采用了多种方式，如口信、铃声、白塔信炮、石别拉等。

内金水河与防火

紫禁城不仅拥有雄伟壮观的建筑群，还有一条蜿蜒的河流环绕其中，这就是内金水河。内金水河的水由紫禁城西北的筒子河水关引入，沿着西北向西南的方向流动至武英殿门前，然后转向东流，横贯太和门广场，再向北流动一段距离后，再次转向东流，穿过文渊阁，接着转向南流，最终从紫禁城东南角的水关流出，汇入紫禁城外东南的筒子河。内金水河全长约两千一百米，平均深度约四米，其河道时隐时现，时直时弯，时宽时窄，最宽处达 11.8 米，最窄处则不超过两米。河底及两侧均由石材铺砌而成。蜿蜒的水流不仅为紫禁城增添了灵动之美，其造型也丰富了建筑的艺术效果。内金水河的水从紫禁城东南角流出

紫禁城西北的筒子河水关

武英门前的内金水河

太和门广场前的内金水河

文渊阁及阁前的内金水河

紫禁城东南的筒子河水关

菖蒲河

后，向南汇入菖蒲河。菖蒲河属于外金水河，位于天安门以东，全长约六百米。菖蒲河的东端汇入玉河，随后向南流入内城南护城河，也就是前三门护城河，最终汇入通惠河。

金水河这一名称的由来，与玉泉山的地理位置有关。元末明初史学家宋濂等人在《元史》卷六十四中记载："金水河，其源出于宛平县玉泉山，流至和义门南水门入京城，故得金水之名。"这说明金水河的命名与玉泉山有关。玉泉山地处北京西郊，在我国古代的五行文化中，金象征西方，因此金水河意为源自玉泉山的河水。

内金水河中的内字，则与明代对金水河的改道有关。元代文学家陶宗仪在《南村辍耕录》卷二十一中记载："峙万岁山，浚太液池，派玉泉，通金水，萦畿带甸，负山引河，壮哉帝居。"由此可知，元代都城建造时，玉泉山的水被直接引入太液池，并被称为金水。

到了明代，金水河被改道。玉泉山的水流经德胜门水关流入什刹海后，被分为两支：第一支为了满足明代宫廷及皇家苑囿的用水需求，在什刹海南岸开挖新渠，并在太液池南端开挖南海，使水流经什刹海后流入南海；第二支则是为了补给城郊用水，在什刹海东岸开挖新渠，使水向东流入通惠河，再向南流入南护城河。什刹海至南护城河的河段在明代被称为玉河。

第一支玉泉山水系又被分为两支，分别形成了内金水河和外金水河的源头。其中，一支从太液池北闸口分流，经过紫禁城西北的筒子河流入宫内，再从紫禁城东南流出宫去，这段河道被称为内金水河；另一支从南海东岸向东分流，经承天门（今天安门），再与内金水河出宫的水在太庙东南汇合，向东注入玉河，这段河道被称为外金水河。嘉庆朝《钦定大清会典》卷七十九中详细记载了内金水河与外金水河的流向："皇城内河流，四面环绕，由地安门外西步梁桥入者，经景山西门引入环紫禁城，为护城河。护城河西之水，

内金水河与外金水河平面图

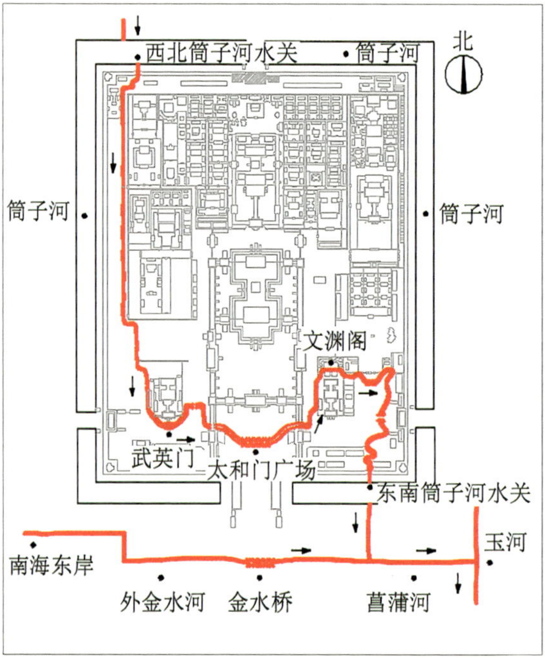

自紫禁城西南隅，流经天安门外金水桥，东南注玉河，为外金水河。”

内金水河在历史上具有排水和防火两大实用功能。

首先从排水角度来看，内金水河是紫禁城排水系统的重要组成部分。北京每年的汛期一般是6月1日至9月15日左右。尽管该时段紫禁城内的雨水暴增，但在历史上从未出现过积水问题。民国三十年（1941年），伪建设总署刊印的《京师城内河道沟渠图说》中提到：“紫禁城内具有特殊之沟渠网，据言无论遭遇何等大雨，庭中绝无漫溢之患，对其布置构造，仍属不明。但自紫禁城之西北隅流入经过太和殿（门）前，而流出于紫禁城东南隅之金水河，无疑为一道干沟，即四周之濠，亦足以应付由城内排出之水。”这段文字表明，内金水河在历史上发挥了卓越的排水功能。

其次从防火角度来看，内金水河提供了充足的消防水源。紫禁城古建筑以木结构为主，木材燃点低，一旦着火，需要及时且充足的水源进行扑救。紫禁城内有七十二口水井，但它们的分布并不均匀，且无法满足整个紫禁城的消防用水需求。内金水河的水源来自玉泉山，取之不尽，用之不竭，是理想的消防水源。其合理的布局形式，对建筑救火极为有利。明代宦官刘若愚在《酌中志》卷十七中提到：“是河也，非为鱼泳在藻，以资游赏；亦非故为曲折，以耗物料。恐意外回禄之变，此河实可赖。”回禄即火灾之意。内金水河的主要用途并非供人赏玩游鱼；其曲折的走向设计也绝非无端浪费建材，而是为了充分接近流域内的各座宫殿，以便及时救火。该卷还以实例加以佐证：“又如天启年一号殿唠鸾宫被灾者二次，如只靠井中汲水，能救几何耶？疏通此河脉，诚急务也。”这说明仅靠井水来救火，是远远不够的，而内金水河的开凿弥补了这一不足。同样根据《酌中志》卷十七中的记载，明代天启四年（1624年）午门以南的六科廊火灾和天启六年（1626年）武英殿西油漆房火灾，均因内金水河的水源及时供应，才得以迅速扑灭。

清代史料同样印证了内金水河的消防功能。据《大清德宗景皇帝实录》卷二百六十三记载，光绪十四年十二月十五日夜间，贞度门着火，火势蔓延至太和门及库房等处。《翁同龢日记》中提及，十二月十六日清晨，光绪帝的老师翁同龢被告知贞度门发生火灾，连忙驱车从午门左掖门进宫。他看到太和门广场的金水桥下，救火人员正试图从内金水河取水。但由于河水结冰，救火人员需凿冰一尺才能取到水，以致"机筒不得力"。尽管取水过程迟缓，耽误了贞度门火灾的扑救，但内金水河的消防功能显而易见。

清代在复建部分建筑时，也充分考虑防火需求，尽可能将其选址靠近内金水河。清乾隆四十一年建造的"皇家图书馆"文渊阁内藏《四库全书》，为最大限度地避免火灾的威胁，文渊阁被精心选址于文华殿区域的内金水河后方。文渊阁与文华殿之间隔着内金水河，一方面内金水河能有效防止其他建筑失火时火势蔓延至文渊阁，另一方面内金水河又为文渊阁提供了及时可靠的消防水源。

水缸与防火

水缸是紫禁城里重要的储水设施。在紫禁城中轴线及内廷区域，部分建筑因距离内金水河、水井等水源较远，其前方会安放铁质或铜质水缸。

以中轴线区域为例，当我们从午门进入太和门广场时，会立刻注

太和门广场上的水缸

太和殿广场上的水缸

太和殿前的鎏金铜缸

乾清门广场上的部分铜缸

意到太和门两侧的铁缸；穿过太和门，进入太和殿广场，广场周边也摆放着若干铁缸；继续北行，太和殿、保和殿、乾清门广场、乾清宫广场、坤宁门、御花园等处，均放置有铁缸或鎏金铜缸。紫禁城中轴线的北门神武门，因其靠近筒子河，附近则不设水缸。仔细观察这些水缸，可以发现它们具有几个显著特点：缸体普遍较大，可以盛放大量的水；两边一般都有兽面和拉环，便于搬运；缸体通常被石块支起，形似灶台，下方可以生火。

水缸主要用于贮存水源，以便在火灾发生时能够及时扑灭火势。清代史料中，缸通常被称为海，寓意其容量之大。据光绪朝《钦定大清会典》卷九十五记载："紫禁城各处安设镀金海共十八口，大铜海二十二口，大铁海四口，中铜海一百五十二口，小铜海八口，小铁海一百四口；共计三百有八口。"这表明至光绪时期，宫中的水缸种类丰富，按口径分为大、中、小三种，按材质分为铜镀金、铜、铁三种，总数达 308 口。重要的宫殿门前，安放着鎏金铜缸，而铁缸则多见于外朝区域的空旷地带或后宫院落内。

选用金属制作水缸，而非其他材质，其根源在于五行相生中的金生水理念。据《总管内务府呈皇极殿添安置铜缸约需铜斤工料清单》记载，宫中大铜缸的口径可达五尺（约 1.6 米），烧造时需费铜 5357 斤。如此大体积的铜缸，为消防用水提供了坚实的保障。

为确保一年四季缸内均有足够的存水，宫内采取了多种措施。乾隆时期的《钦定宫中现行则例》卷三中记载："凡宫内等处所设铜缸、铁缸，每逢小雪节，该管首领太监等安设缸盖、缸套，酌量天气寒暄熏火化冰。至开年惊蛰节，撤收。其大铜缸一口，每日用黑炭四斤；小铜缸一口，每日用黑炭三斤；俱自十一月初一起，至次年二月初一止。”每年冬季的冰冻时节，有专门的太监负责安设缸盖、缸套，并在缸底生火，旨在防止缸内之水结冰，或及时除去缸内的冰块。《钦定大清会典》卷九十五记载：“二月初一日起，至十月三十日止，每月二次添水，亦派令苏拉管理。”在非冰冻时节，为防止缸内之水蒸发流失，宫中专门安排了苏拉定期往缸内注水，确保消防用水的充足。

宫中水缸的灭火作用，在嘉庆二年乾清宫火灾中得到了充分体现。据《史料旬刊》记载：嘉庆二年十月二十一日酉刻，太监郝士通因用火不慎，将未完全熄灭的木炭倒在乾清宫东穿堂的楠木格旁，引发了火灾。内廷后三宫的乾清宫、交泰殿被毁，而坤宁宫得以保全。火灾后，乾隆帝对失职太监进行了处罚，也奖赏了“竭力汲水救护”的有功人员。内廷后三宫位于紫禁城中轴线的北部区域，距离内金水河、井亭等水源位置较远，救火人员使用的水源，很可能来自宫殿附近的缸中之水。

故宫中的水缸是故宫丰富而沧桑历史的见证。

清光绪二十六年（1900 年）八国联军攻陷北京，在紫禁城里举行了一场“阅兵”。1900 年 8 月 28 日，这些来自八个国家的侵略者，身着各自不同的军服，吹着不同的号角，奏着不同的乐曲，举着不同的国旗，在紫禁城的中轴线上缓缓前行，耀武扬威。他们在紫禁城里为所欲为，在酷热的天气里穿着厚厚的大衣和斗篷，肆意掠夺宫中的文物，如项链、勋章、玉玺、钟表等，就连宫里养的哈巴狗也被当作战利品抱走了。三大殿台基上的八口鎏金铜缸，既是宫中的消防储水用具，又是颇有气势的建筑陈设。然而，八国联军却用刺刀在铜缸上疯狂乱刮，直至华美的鎏金层完全剥落。这些刺刀伤痕，成了中华民族近代史伤痕的一部分。

紫禁城的水缸再次遭灾是在民国六年（1917 年）。当年 6 月，张勋借口调停段祺瑞、黎元洪之间的矛盾，率领“辫子军”开进北京，逼迫黎元洪解散国会。6 月 30 日，张勋等人秘密觐见溥仪，谋划复辟帝制。7 月 1 日凌晨，溥仪在众人的拥戴下重新登上皇位，宣布恢复宣统年号。张勋复辟引发了全国各派势力的联合讨伐。7 月 11 日，南苑航空学校奉命出动飞机，对紫禁城实施了空袭。

飞行教官潘世忠亲自驾驶飞机，学员杜裕源担任投弹手，携带三枚十二磅重的炸弹飞往紫禁城。杜裕源后来回忆说，第一枚炸弹炸死太监一人，小狗几只；第二枚炸弹炸毁大水缸一个；第三枚炸弹尚未爆炸，溥仪便已惊恐万分，命人致电，恳求不要再轰炸皇宫。

紫禁城水缸遭遇的最大的一次劫难发生在 1945 年，这一年是故宫博物院成立的第二十个年头。侵华日军因武器弹药供应不足，为扩大武器弹药的生产，在中国占领区内疯狂搜刮铜、铁等金属资源。据史料记载，1942 年至 1945 年期间，日军在北京发起了三次“献铜运动”。1945 年 12 月 7 日，时任故宫博物院院长马衡报告：“案查本院被征用之铜品 2 095 市斤外，计铜缸 66 口，铜炮 1 尊，铜灯亭 91 件。另外，尚有历史博物馆铜炮 3 尊，本院之铜缸及历史博物馆之铜炮系由北支派遣军甲第 1400 部队河野中佐于三十三年六月十九日运协和医院，该部队过磅后，运赴东车站，闻系装车运往朝鲜。”

如今的故宫仅剩二百三十余口大缸，它们分布在宫中的各个角落。这些铜缸和铁缸早已不再承担防火的使命。经历了岁月的洗礼之后，这些水缸成为故宫历史文化的重要组成部分，并且得到了妥善的保护。

石头房与防火

紫禁城建筑的核心承重构件，如立柱、檩枋、斗拱、梁架等，大多采用木材制作，而砖砌的墙体仅起到围护作用。木材的易燃性使紫禁城在历史上多次遭受火患，然而古代工匠凭借丰富的工程经验，巧妙地设计出了一种防火建筑——石头房。石头房以不易燃烧的石材替代部分木质构件，外观与其他建筑无异。工匠们将一座建筑中某个单独的房间设计成石头房，以防止火势蔓延危及其他房间。

紫禁城的石头房设计巧妙地利用了石材的耐火特性，在一座较长的建筑中，选取特定的房间进行隔火设计。这些房间墙体之上的檩枋、垫板、斗拱、椽子、望板等构件，虽然外观与其他建筑无异，但其实际材料却以石材替代了木材。紫禁城后三宫即乾清宫、交泰殿、坤宁宫两侧的四间石头房，便是这一设计的典型代表。它们分别位于凤彩门、龙光门、增瑞门、永祥门四座门廊的南侧。每间房的北墙即为门廊的南墙，南北长约 1.6 米，东西宽约 7.7 米，每间石头房的建筑构造与其他房间完全一致。

石头房位置的平面示意图

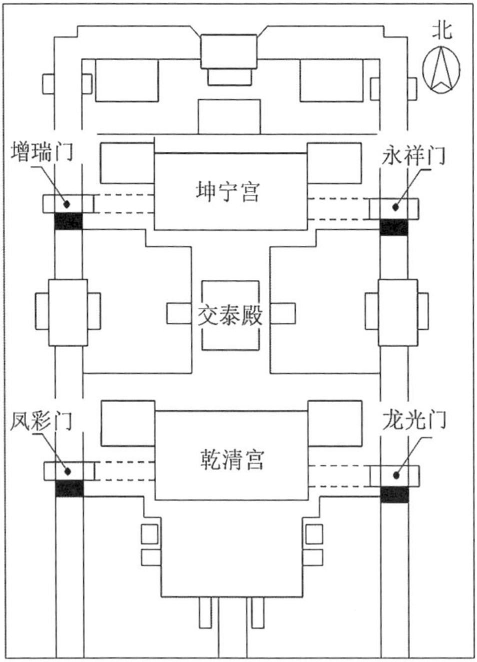

以凤彩门南侧的石头房为

凤彩门外立面

龙光门外立面

增瑞门外立面

永祥门外立面

例，其建筑细节极具特色。勘查发现，这间石头房堪称实心房，四面均为墙体，内部填满碎砖。墙体之上，外部用石材雕刻出柱头、梁头、斗拱等木构件的形状，并饰以油漆彩画，使外观与其他房间完全一致。墙体正上方则用砖砌筑成拱高约 1.5 米的圆拱砖券，而其他房间则采用木质梁架结构，砖券之上的屋顶部分铺设瓦灰和瓦件，与整座建筑的瓦顶保持统一的外观样式。凤彩门南侧石头房的承重结构不含木材，由砖、瓦及石材构成，具有显著的防火效果。在长时间自然因素的作用下，部分石材构件表面的漆皮掉落，露出里面的石材。

石头房的椽子、斗拱等构件并无“卷杀”（建筑构件端部的圆弧或曲线造型），由此推断，其建造年代应为清代。据史料记载，紫禁城后三宫区域在清代仅发生过一次严重的火灾，即清嘉庆二年的乾清宫、

凤彩门南侧的石头房立面（虚线部分为石材）

漆皮掉落后露出的石材

《皇城宫殿衙署图》局部：①凤彩门，②增瑞门，③龙光门，④永祥门

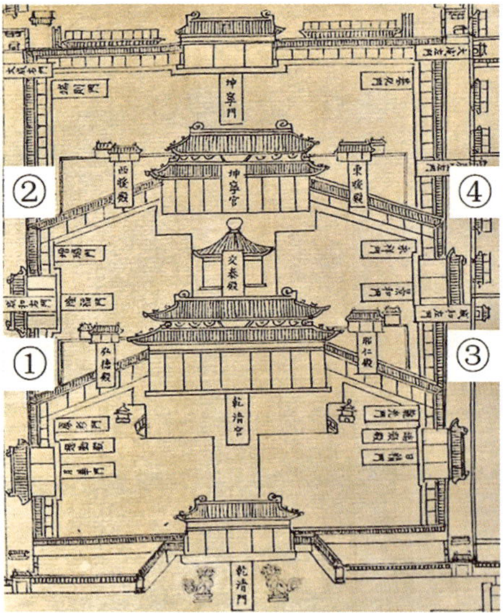

交泰殿火灾。据故宫博物院编纂的《史料旬刊》中的《嘉庆二年乾清宫失火案》一文的记载：当年十月二十一日傍晚，掌火太监郝士通因贪图方便，将取暖用的炭盆放置在乾清宫东穿堂的楠木格旁，未燃尽的木炭不慎诱发火灾。大火迅速蔓延至乾清宫、交泰殿，并沿着乾清宫两侧的木质斜廊向东西配殿

扩散，甚至将坤宁宫的屋檐熏黑。坤宁宫最终得以幸免，是因为当时正值初冬，西北风的风向防止了火势的进一步扩散。在火灾后的复建工程中，乾隆太上皇下令在上述四座门廊的南侧增设石头房，以防止火势再次蔓延，达到隔火的目的。《清代历朝起居注合集·清高宗》卷四十二中记载，乾隆曾感慨坤宁宫“幸赖西北风起而无虞”，因此隔火房更适合设在南侧。火灾前，乾清宫两侧的木质斜廊直接通向凤彩门和龙光门，坤宁宫两侧的木质斜廊则直接通向增瑞门和永祥门，这些木质斜廊是火灾沿着东西向蔓延的主要原因。火灾后，乾清宫和坤宁宫两侧的木质斜廊被拆除，仅保留了如今所见的斜坡通道。

明清皇家的“金匮石室”

建筑简介

金匮石室是中国古代珍藏重要档案的独特方式：将重要档案放入金匮中，再将金匮置于石室内。其中，金匮指金质或铜质的柜子，石室指砖石砌筑的房屋。东汉史学家班固在《汉书》卷一下高帝纪第一下中记载：“又与功臣剖符作誓，丹书铁契，金匮石室，藏之宗庙。”这表明金匮石室的档案保存方式在汉代已广泛应用。位于东华门以南约五百米处的皇史宬，是中国现存最大、最完整的古代皇家石室，现存金匮一百五十余个，金匮内曾珍藏明清两代的皇家档案。皇史宬整体建筑总长约 49.4 米，宽约 23.6 米，总高约 19.2 米，从基础到屋顶全部由砖石打造，未使用一木一钉，设计上充分考虑了防火、防潮、防盗、防虫等功能。

皇史宬南立面

皇史宬内的金匮

建造历程

皇史宬的建造与防火功能密切相关。据《大明孝宗敬皇帝实录》卷六十三记载，弘治五年（1492年）五月，大学士丘濬向弘治帝进言："自古帝王藏国史于金匮石室之中，盖以金石之为物坚固耐久，非土木比；又能扞格水火，使不为患。有天下者断石以为室，锢金以为匮，凡国家有秘密之记、精微之言，与凡典章事迹可以贻谋传远者，莫不收贮其中，以防意外之虞。"丘濬认为，金石材质坚固无比，可防潮防火，远胜于土木材料，可长久保存档案。他建议在紫禁城内建造一座砖石建筑，将档案放入金质或铜质的柜子里，再将柜子置于该建筑内。他还建议该建筑可建于文渊阁附近。他的建议得到了弘治帝的认可，但因诸多原因而未能付诸实施。

明嘉靖年间，皇家宫殿屡遭火灾，皇史宬的建造迅速提上了议程。据清代官员张廷玉等人在《明史》卷二十九中的记载，从弘治到嘉靖年间，火灾频发：弘治十一年十月甲戌（1498年10月26日），清宁宫发生火灾；正德九年正月庚辰（1514年2月10日），乾清宫失火；正德十二年正月甲辰（1517年2月18日），清宁宫小房被焚；嘉靖元年正月己未（1522年2月7日），清宁宫后三小宫起火；嘉靖四年三月壬午（1525年4月15日），仁寿宫发生火灾，玉德、安喜、景福等宫殿被焚毁；嘉靖八年十月癸未（1529年11月21日），大内所失火；嘉靖十年正月辛亥（1531年2月12日），大内东偏（今故宫南三所一带）发生火灾；嘉靖十年四月庚辰（1531年5月12日），兵工二部公廨失火，大量建筑和文物被烧毁。这些火灾频繁发生，引起了嘉靖帝的高度重视。明代官员余继登在《典故纪闻》卷十七中记载，嘉靖十年大内东偏火灾造成十四座建筑被毁，嘉靖帝随后告诫大学士张璁：宫中建筑密集，必须做好防火预案；南京宫殿的宫门采用砖砌结构，未使用木料，这一设计可作为建筑防火的参考。

鉴于紫禁城内建筑密集，嘉靖帝决定在宫外建造一座砖石建筑，用于存放皇家档案。据《大明世宗肃皇帝宝训》卷三记载，嘉靖十三年七月丁丑（1534 年 8 月 21 日），嘉靖帝下令在南内（紫禁城外东南区域）建造神御阁，用于保存神御像、宝训、实录等重要档案资料。他要求神御阁采用砖石结构，仿照南郊斋宫（今天坛斋宫）的建筑形式，设计为上下二层，上层存放皇帝画像，下层存放实录。据《大明世宗肃皇帝实录》卷一百六十五、一百八十九记载，神御阁于嘉靖十三年七月十七日（1534 年 8 月 26 日）开工，嘉靖十五年七月戊寅（1536 年 8 月 11 日）竣工。建成后的神御阁为单层砖石建筑，实际用

青玉制《御制重修皇史宬记册》

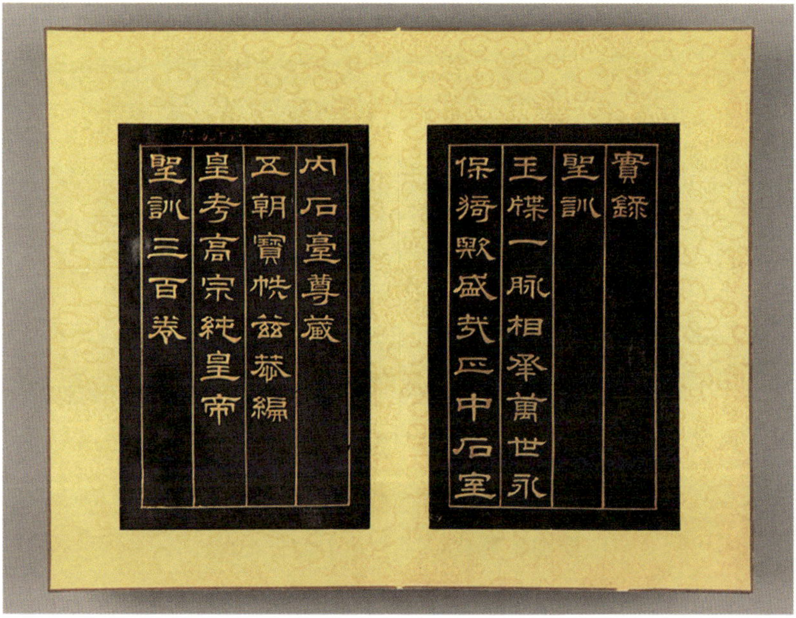

于存放实录等档案；而皇帝画像则另存于景神殿内。嘉靖帝还将神御阁更名为皇史宬，其名由嘉靖帝亲笔御书。《大明世宗肃皇帝实录》卷一百八十九载：“宬，即神御阁也。”关于宬字的含义，东汉文字学家许慎在《说文解字》卷七中作出了解释：“宬，屋所容受也。”皇史宬意为存放皇家档案的场所，是一座以防火、防潮为核心功能的砖石建筑。自建成至今的近五百年里，皇史宬仅在嘉庆十二年（1807 年）进行过一次大修，其余时间基本无恙。

建筑科学

皇史宬自建成以来历经数百年依然得以完好保存，这与其科学的建造方法密不可分。高大的台基、通风的窗户、密闭的金匮利于防潮，厚重的墙壁利于防震，楠木芯的金匮则防虫耐用。然而，系统完备的防火体系，无疑是其营建智慧的核心体现。

从建筑材料来看，皇史宬的整体结构采用了防火性能优异的材料。建筑底部为石质须弥座基座，基座之上为砖砌墙体。南墙设有五座券洞，每座券洞的大门（包括门钉和兽面）均由石材制成；东墙和西墙正中各设一扇窗户，窗框与菱花纹亦为石材雕刻而成。墙体以上外露的

石质门钉与兽面

石质匾额及斗拱

龙纹金匮

柱顶、檩枋、斗拱、望板、椽子、匾额等构件均为石雕，并饰以彩画，外观与传统的宫殿建筑无异。屋顶则覆盖琉璃瓦件和吻兽。殿内地面之上设有石台，石台之上放置金匮。整座建筑的砖、石、瓦均为不可燃材料，从根本上杜绝了火灾隐患，构成了保护皇家档案的第一道防线。至于金匮的材质，乾隆朝《钦定大清会典》卷七十五记载："楠木质，裹以铜涂金琢云龙文。"这表明金匮的外皮为铜镀金，内芯为楠木。铜金合金的熔点接近一千摄氏度，这无疑是保护皇家档案免受火患的第二道防线。

从建筑设计来看，皇史宬的选址、结构、空间布局和构件均蕴含着科学智慧。

皇史宬定址于紫禁城外，周边建筑较少，降低了因附近建筑失火而受波及的风险。建筑外观为面宽九间、进深五间的柱网式形制，但立柱均由石材雕刻而成，内部形成了一个实用的大通间，便于容纳大量的金匮。建筑结构采用了砖石承重体系，由砖石墙体支撑屋顶。而明清宫殿通常采用梁柱承重体系，通过木梁和木柱发挥核心受力作用。皇史宬的结构设计避免了木材的使用，从而消除了火灾隐患。皇史宬内部采用拱形空间设计，砖块通过侧向挤压形成稳固的整体，既美观又增

皇史宬内部（从东往西看）

大了内部空间。由于内部无梁无柱，皇史宬也被称作无梁殿。这种设计有利于发挥砖石的隔火性能，同时便于金匮的保存。

皇史宬的门窗、墙体等构件设计得巧妙而科学。门仅设于南立面，共五扇，均为实榻门。这种门宽大厚重，闭合后密封性极佳，可以有效阻断外部火源。窗户开设在东西两侧，共两扇。北京地处北半球亚热带季风气候区，夏季多南风，冬季多北风。东西向的窗户设计，既保证了建筑内部的透气及采光，又避免了火势顺着风向蔓延至建筑内部。窗户底部距离地面三米，下方为砖墙。这种高窗设计与防火墙的效果异曲同工，能够有效防止外部火焰的蹿入。墙体厚实，东西墙厚约 3.7 米，南北墙厚达六米左右。科学研究表明，墙体越厚，热阻值越大，隔热能力越强。厚实的墙体不仅可以有效隔离火源，还能保持殿内温

皇史宬北墙及开设窗户的西墙

度的稳定。墙体内壁涂有灰泥，这一防火措施早在春秋时期就已采用。左丘明在《左传》卷三十中记载：“火所未至，彻小屋，涂大屋。”在火灾来临之前，拆掉易燃的小屋，在大屋的墙壁上涂泥，可以减少火灾造成的损失。

前世今生

皇史宬是明清两代皇家档案的核心保存场所。据《大明世宗肃皇帝实录》卷一百九十记载，嘉靖十五年八月辛丑（1536 年 9 月 3 日），“以尊藏重书列圣训录于皇史宬，祭告奉先殿、崇先殿”。皇史宬竣工后，嘉靖帝下令将圣训、实录等珍贵文献收藏于内。清代官员英廉等人在《钦定日下旧闻考》卷四十中提到“永乐大典成于永乐五年，云副本贮皇史宬”，这表明皇史宬曾珍藏《永乐大典》的副本。该书卷四十中还提到：“皇史宬仍明旧制，在南城南，尊藏本朝实录、玉牒……旧存明实录移贮内阁书籍库……”在清朝，明朝旧存的实录被移至内阁书籍库，皇史宬则专门用于存放本朝的实录、玉牒等皇家档案。清代官员张廷玉等人在《清朝文献通考》卷八十中记载：“转下六科，钞发各部院施行，以副本录旨，送皇史宬存贮。”这说明皇史宬还曾存贮题本副本。根据《清史稿》及光绪朝《钦定大清会典》的记载，皇史宬还贮藏过本纪、方略及重要官员的印信。光绪二十六年七月，八国联军攻陷北京城，日军占领皇史宬并对其中的档案进行了严重破坏。据《庚子事变清宫档案汇编》第六册记载，日军造成皇史宬丢失满汉蒙文《实录》《圣训》五十一函，计二百三十五卷，另有一千三百余卷档案被污损。

新中国成立后，党和政府高度重视皇史宬的保护和修缮工作，将其作为研究明清皇家历史和档案的重要文物部门，并向公众开放。

重新开放的皇史宬

1982 年，皇史宬被国务院公布为全国重点文物保护单位。皇史宬分为南院和北院，由于历史原因，南院曾沦为大杂院，私搭乱建问题严重，皇史宬曾一度中断对外开放。在北京市人民政府组织开展的“疏解整治促提升”专项行动中，院内的违建被逐步拆除。2020 年 11 月，文物保护与管理部门正式启动了皇史宬的修缮工程。2021 年 9 月 1 日起，皇史宬重新向公众开放。

皇史宬作为保存完好的明清皇家档案库，不仅承载着极为丰富的历史内涵，还以其宫殿式的建筑外观、精美的雕刻艺术，以及防火、防潮等科学实用功能，展现了我国古代建筑科学、建筑艺术、建筑历史文化的多维度魅力，充分体现了我国古代工匠卓越的建筑智慧与高超的建筑技艺。

防火墙

由于木材的易燃性，紫禁城在历史上多次遭受火灾。紫禁城里的历代统治者高度重视防火，采取了多种科学而有效的措施，防火墙的设置是其中最具代表性的防火手段之一。防火墙的基本原理是利用黏土砖的不可燃性，将其砌筑成厚实坚固的墙体，从而有效阻断火势的蔓延。故宫内现存多种形式的防火墙，如隔断墙、院墙、封后檐墙、硬山山墙等。

隔断墙

太和殿东西两侧的防火卡墙是防火隔断墙的典型代表。太和殿自明永乐十八年建成以来，历经多次火灾。我们今天看到的太和殿，是清康熙三十六年第五次复建后的建筑形制。据刘敦桢先生考证，康熙十八年的《皇城宫殿衙署图》显示,太和殿两侧为斜廊。据《康熙起居注》卷七记载，康熙十八年十二月初三凌晨，太和殿发生火灾。此次火灾因紫禁城西北角御膳房内太监用火不慎而引发。火势借助西北风向南蔓延，跨越乾清门广场，先后穿过后右门、中右门，随后在西风的助力下，沿着太和殿西侧的木质斜廊迅速蔓延至太和殿，最终将太和殿及其东侧的木质斜廊付之一炬。康熙三十四年，太和殿重建工程正式启动。工程负责人梁九认为，太和殿历史上多次火灾的根源在于建筑两侧的木质斜廊，于是他向康熙帝建议，把木质斜廊改为砖砌防火卡墙。该建议得到了康熙帝的批准。太和殿两侧的防火卡墙能够有效阻隔建筑两侧的火源沿东西方向蔓延，为太和殿的防火安全提供了坚实的保障。

太和殿东侧的防火卡墙

保和殿西庑的防火隔断

防火隔断墙的另一种典型形式，是专用于长廊式建筑的隔断墙。保和殿东侧的庑房，从东崇楼一直延伸到左翼门，总长度约一百五十米，纵向分布着三十间房屋。为防止其中任何一间房屋失火后火势蔓延至其他建筑，清代在建设时每隔五间房便设置一座隔断墙，共计七座，每座隔断墙的厚度约为 1.5 米。这些隔断墙将长廊进行了分割，并在廊内设计成券洞形式，既满足了实用功能，又增添了建筑艺术的美感。各隔断墙之间的屋架没有任何连接，有效避免了火源通过屋顶蔓延。防火隔断墙的巧妙布局，极大降低了火灾发生时“火烧连营”的风险。

院墙

紫禁城内有很多独立的院落，这些院落在布局上以高大的围墙相隔，围墙起到了防火墙的作用。院墙之间的间距较宽，有利于阻止火势在建筑之间蔓延。这种院落布局的方式正是基于对火灾教训的深刻总结而形成的。紫禁城初建完工时，建筑数量众多且彼此间距密集，一旦某处建筑失火，往往会导致周边多处建筑被殃及。嘉靖帝执政时，已经察觉到了这个问题。据《大明世宗肃皇帝实录》卷一百二十一记载，嘉靖十年正月二十六日，紫禁城的东宫（今南三所）发生火灾，十四间相连的房屋被烧毁。火灾之后，嘉靖帝召见大学士张璁并训诫道：“宫中地隘而屋众，且以贯通栋，所以每有火患……务使道途疏豁，堂舍整简，勿令相近。”从这段话中可以看出，嘉靖帝已经意识到紫禁城内的房屋间距过密，多座建筑连为一体，极易引发连环火灾。他要求对紫禁城内的房屋间距进行整改，扩大各个建筑院落之间的距离。这种整改方式，奠定了今天故宫院落布局的基础。其防火的优势在于，当

东筒子巷的防火院墙

某个院落的建筑失火时，高大且相隔一定距离的院墙能够有效阻隔火源蹿入其他院落，同时宽敞的院墙间距也为消防人员和车辆的通行提供了便利。

东筒子巷可谓院墙防火墙的代表，其两端的院墙高约八米、厚约两米，院墙之间的间距达 5.7 米，能够有效阻隔火源在不同院落之间蔓延。除了防火功能外，东筒子巷还因被俗称为阴阳道而闻名。有人误以为这个俗称与灵异事件相关。从科学角度来看，该防火夹道沿南北方向延伸，阳光由东向西照射，使得东段和西段的墙体在白天的大部分时间里，一段处于阳光之下，另一段则处于阴影之中。

封后檐墙

封后檐墙又名封护檐墙或风火檐墙，是紫禁城内防火建筑构造的主要形式之一。封后檐墙的做法始于雍正五年，其主要特点是建筑的后檐墙不设门窗，且屋檐处的檩枋、椽子等木质构件均被砖墙封砌，完全隐藏于墙体之内。据乾隆年间大学士鄂尔泰等人编撰的《国朝宫史》卷三记载，雍正五年十一月二十三日，雍正帝颁布诏令，特别强调“宫中火烛，最要小心”。他指出，日精门、月华门以南的围房中有做饭的值房，火星极易蹿至房檐，从而引发火灾，并危及其他建筑，因此他下旨：“可将围房后檐改为风火檐，即十二宫中大房有相近做饭小房之处，看其应改风火檐者，亦行更改。”围房通常指兵丁、太监值守的专用房屋，其建筑等级较低，主要特征是屋顶仅有前后两个坡。

露出檩椽的后檐墙

不露出檩椽的封后檐墙

紫禁城内的封后檐墙做法，最初由雍正帝提出，主要目的在于有效防范火灾。一旦屋内发生火灾，封后檐墙能够阻隔火势，防止其引燃屋檐的木质构件，进而避免火势蔓延至相邻建筑。这种设计最初应用于等级较低的建筑，后来在紫禁城内得到广泛应用，并逐渐在全国盛行，成为清代建筑施工中的一种重要工艺。

硬山山墙

紫禁城内的硬山山墙同样具备防火功能。这种建筑结构的设计特点是，只有前后两个坡面，而山墙从地面一直砌筑至瓦顶，将建筑内部的木构架完全封护起来。硬山山墙与封后檐墙都是用于封护木构架的防火措施，二者的主要差异在于：前者出现在明代，用于封护建筑两侧端部的木构架；后者则出现在清代，用于封护建筑后檐的木构架。

硬山山墙

徽州马头墙

硬山山墙与徽州的马头墙有着异曲同工之妙。马头墙的山墙高出屋面，其造型宛如马头。当相邻建筑发生火灾时，马头墙能够有效阻断火势的蔓延。1977 年出土于安徽歙县的一方石碑上刻有《徽郡太守何君德政碑记》，碑文记载了明代弘治年间徽州知府何歆在治火方面的杰出贡献，其中包括建造大量马头墙，以防止密集的民居在火灾中相互引燃。这是关于徽州马头墙防火功能的早期记载。

紫禁城内的防火墙形式丰富多样，兼具科学性和实用性，不仅为我国明清时期的建筑防火历史提供了宝贵的实物资料，而且体现了我国古代工匠的建筑智慧。

机械灭火器

紫禁城建筑群自明永乐十八年建成至今，至少经历过五十九起火灾。太和殿作为紫禁城里最重要的宫殿之一，更是五次被焚毁，又五次重建，今天我们所见的太和殿是清康熙年间第五次复建后的建筑形制。在防火灭火方面，明清时期的紫禁城除了配备云梯、钩子、水桶等传统工具外，还有一种借助机械作用的灭火枪，被称为激桶。激桶分为唧筒和水龙两种形式。唧筒的历史可以追溯到宋朝，北宋的曾公亮和丁度在《武经总要·制度十二》中记录了唧筒的制作方法。而水龙则是在晚明时期由西方引入的。德国传教士邓玉函（Johann Schreck）口授、明代官员王徵笔译的《远西奇器图说》详细介绍了包括水龙在内的西方力学和机械学知识。

太和殿背立面

唧筒

在清宫档案中，唧筒被称作岔子激桶。故宫博物院现存的唧筒多为铜制，整体呈下粗上细的中空长筒状，由内外套筒、喷水头、支脚、阀门等部件组成。当内套筒被完全抽出时，整个唧筒的长度可达到两米。最里层内套筒的顶部固定着喷水头，而最外层套筒的底部有数十个小孔，用于汲水。支脚则用于稳固地架立唧筒。阀门一般有两个，由铜片或软皮制成，分别用于控制水流的进入与排出。唧筒往往与水桶配合使用。建筑失火时，救火人员将唧筒的支脚张开，使其稳稳地立于盛有水的桶中，并将外套筒底部浸入水中，同时将喷水头对准火点，通过手动推拉底部的内套筒，唧筒便能产生喷水效果。

唧筒工作原理示意图展示了唧筒的使用过程。左图显示唧筒通过支脚立于盛水桶中，与内套筒相连的上阀门（上活塞）和与外套筒相

故宫博物院藏唧筒

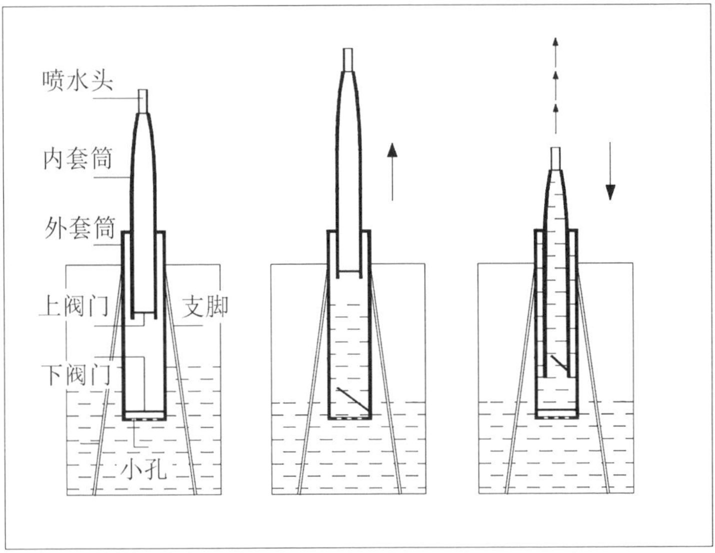

唧筒工作原理示意图

连的下阀门（下活塞）均处于闭合状态，而外套筒底部的小孔则为汲水提供了通道。中图显示当手动上拉内套筒时，外套筒内的气体体积增大，气压随之减小，小于外界大气压，上阀门在大气压作用下保持闭合；外套筒内的气压此时小于水桶中的水压，下阀门被桶里的水挤开，水便通过小孔注入外套筒内。右图显示当手动下压内套筒时，外套筒内的气体体积减小，气压增大，高于大气压，上阀门打开，水便从喷水头中喷射而出；由于外套筒内的气压此时大于底部的水压，下阀门在外套筒内气压的作用下闭合。通过反复拉压内套筒，唧筒便能实现吸水和喷水的循环过程。唧筒每次装水后可使用一次，射程可达二十米，但出水量相对较小。唧筒的优点在于便于携带，且单人即可操作。唧筒的工作原理在民国学者包明芳所编的《中国消防警察》中有较为细致的记载。

水龙

《远西奇器图说》中的水龙示意图

水龙是一种利用杠杆原理进行拉压取水和喷水的灭火装置，其设计原理见于《远西奇器图说》。从清中期开始，水龙逐渐取代了唧筒。在清宫档案中，水龙被称为西洋激桶。中国第一历史档案馆所藏的《内务府堂呈稿》中记载：嘉庆二十年（1815年）六月初五，“宫内各等处安设西洋激桶三十一架，盆子激桶一架，共计三十二架”。故宫博物院现藏的清代造办处制作的水龙模型，便是当时批量制造水龙前的样品。水龙主要由水箱体、铜缸、活塞、阀门、铁杆、压梁、将军柱、出水管等构件组成。水箱体是水龙的外壳，底部设有抬杠，便于搬运。铜缸为圆柱形，位于水箱体内，数量可达四个，通过软管和阀门相互连接；两个铜缸用于存水，另外两个铜缸内设有活塞，用于吸水。活塞由圆形铜块和多层软皮挤压而成，固定在一根竖向铁杆的端部，铁杆的另一端则与压梁相连。压梁是一根长木梁，功能相当于人力挤压活塞的杠杆。将军柱位于水箱体的中部位置，底部与水箱体固定，顶部与压梁铰接连接，作为杠杆的支点。出水管位于将军柱旁，为竖向铜管，底部通过软管与吸水铜缸相连，顶部可接自由转动的水平管，便于向各个方向喷水。

清代造办处制作的水龙模型

水龙平衡状态和工作状态示意图中，I、III 为吸水铜缸，缸内分别有活塞 A、B，缸底分别有阀门 E、F；II 为存水铜缸，缸底左右两侧分别有阀门 C、D，缸壁有出水口 H，可外接出水管；E、F 下方有水流通道，通道正中有入水口 G，可外接入水管。水箱上方的压杆 K 通过连杆分别与活塞 A、将军柱顶部支

水龙平衡状态示意图

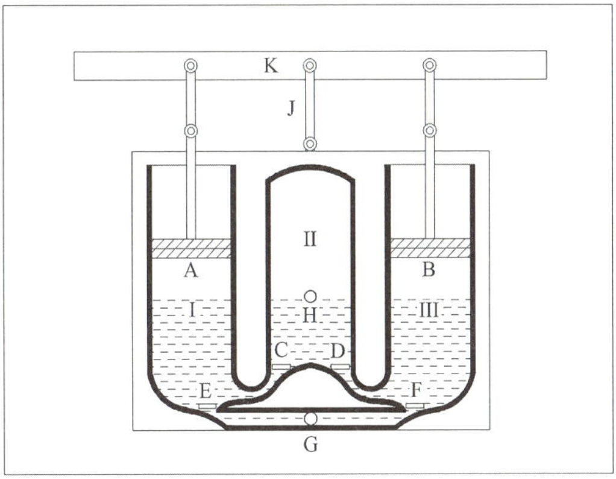

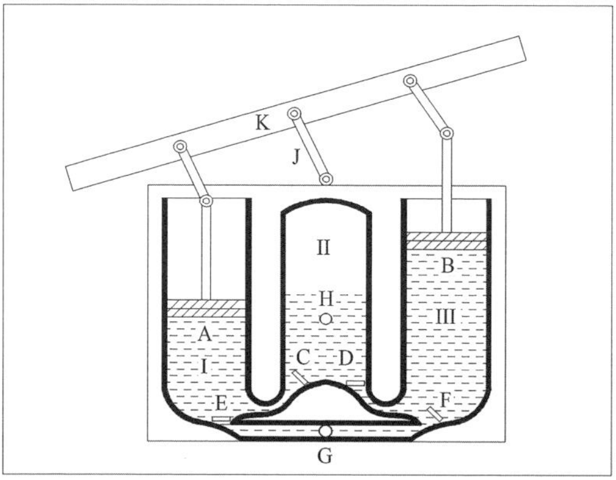

水龙工作状态示意图

点J（将军柱未绘出）、活塞B相连。

水龙工作状态示意图中，当压杆左侧下压时，对于吸水铜缸I而言，活塞A下降，缸内气体压力增大，阀门C打开、阀门E关闭，吸水铜缸I内的水通过阀门C进入存水铜缸II（排水过程）；对于吸水铜缸III而言，活塞B上升，缸内气体压力减小，阀门D关闭，阀门F打开，水由入水管进入G，再通过阀门F进入缸内（吸水过程）；对于存水铜缸II而言，当活塞A的下降幅度较大时，产生的压力足以使缸中的水由出水口H喷出（喷水过程），此时，缸内部分密闭空气的存在，有助于形成稳定的喷水压力。基于相同原理，当压杆右侧下压时，阀门C、F关闭，阀门E、D开启，吸水铜缸I吸水、吸水铜缸III排水、存水铜缸II喷水。如此反复操作压杆，水龙便能持续不断地喷水。

水龙的出水原理与唧筒相似，均通过活塞的往复运动实现吸水与喷水。然而，水龙在便利性、科学性和机械化程度上远超唧筒。唧筒活塞的受控方向为前后向，救火人员反复操作后容易手部疲劳；而水龙活塞的受控方向为上下向，操作更为省力，且可借助人体重量产生更大的下压力。唧筒仅能单人操作，出水力小；水龙则可由多人控制压梁两端操作，出水力大。唧筒通过手动直接推拉活塞，操作范围有限；水龙则通过杠杆间接控制活塞，操作范围更广。唧筒的出水仅与手动推拉力相关；而水龙的出水力由杠杆的力矩平衡产生，不仅与手动力成正比，而且与力臂密切相关。手动力作用于压梁端部，距离支点较远，力臂长；与活塞相连的铁杆位于支点附近，力臂小。根据力矩平衡原理，手动力与作用力臂的乘积等于出水力与出水力臂的乘积。在这种条件下，水龙产生的出水力极为强大，出水管的射程可达数十米。唧筒仅能单向喷水，而水龙则可通过自由转动的水平管各个方向喷水。《远西奇器图说》如此评价水龙："火力正胜，人不可近，但有此器，则五六人可代数百人之用，又不空费一滴之水，不拘多高、多远，皆可立到。"

紫禁城里的机械灭火器不仅是古代科技的结晶，而且是中外科技交流的生动例证。《远西奇器图说》的编辑与传播，便是中西方古代消防技术交流的重要缩影。据《朝鲜李朝实录中的中国史料》记载，雍正元年五月二十五日，朝鲜使节许远向景宗李昀禀报，称看到了紫禁城中的水龙，希望本国也能模仿制造。他的请求得到了李昀的批准。这是中国古代灭火工具走出国门的较早文献记载。

如何拨打"119"

紫禁城占地面积约七十二万平方米，有九千多间房屋，建筑群外围环绕着十米高的城墙和五十余米宽的护城河，是北京城内的城中之城。紫禁城的建筑地位极为重要，使用者的身份也极为特殊，因此紫禁城在防火、防盗等方面有着极高的要求。紫禁城古建筑以木结构为主，木梁、木柱、木屋架构成核心骨架，外饰油饰彩画，极易引发火灾。为保障古代皇室人员的安全，及时发现并阻止外敌或刺客至关重要。在古代科技水平有限的情况下，皇宫内无法像现代社会那样通过拨打电话报警。那么，古代紫禁城的护卫人员是如何报警并及时传递讯息的呢？

口头传递

紫禁城内有大量值守人员和护卫人员日夜巡逻，一旦发现警情，他们便通过口头传递的方式报警。在清代，为便于护卫人员互通信息，还有传筹的做法。筹是一根木棍，护卫人员通过交接筹来报平安。中国国家博物馆珍藏的《紫禁城传筹图》显示，紫禁城内有五十八处汛地（哨所），每天晚上有六百五十六名护卫人员沿着五条固定路线夜巡。护卫人员通过传递筹的方式进行信息联络，遇警情则高声呼喊示警。清代官书《国朝宫史》卷四记载，乾隆二十六年九月初四凌晨，寿安宫内遮阳的草席着火，被传筹巡逻的护军发现，护军急忙大声呼喊值班的太监灭火。末代皇帝溥仪在《我的前半生》第二章里写道，“禁城各个角落里此起彼伏地响起了值班太监死阴活气的回声”，这便是古代紫禁城护卫人员通过口头传递信息的方式。

摇铃

在紫禁城的城墙与护城河之间，有一排排长房，明代称红铺，清代改称围房。这些长房之所以最初被称为红铺，是因为它们的墙面颜色为红色。明代，红铺主要充当哨所，哨兵负责守卫皇城周边。各红铺之间的哨兵通过铜铃来传达警情。明代宦官刘若愚在《酌中志》卷十七中记载：“墙外周围红铺三十六处。每晚有勋臣一员，在阙左门内值宿，每更官军提铜铃巡之，而护城之河绕焉。”由此可见，明朝时紫

东华门外的围房

禁城外有三十六处红铺，每晚有大臣在午门以东的阙左门内值班，安排护卫人员携带铜铃巡逻，遇警情则摇铃报警。清雍正时期，红铺改称围房，除了用作哨所，还用于存储档案和生活用品，并成为激桶处所在地。激桶处就是今天的消防队。据清代光绪朝《钦定大清会典事例三》记载，东华门、西华门外的围房内，各安放激桶四架，每天有官员和专职救火队员值班，一旦紫禁城内发生警情，救火人员通过摇铃声得知后，立刻进入城内灭火。因此，摇铃也是紫禁城报警系统中的重要工具之一。

信炮

信炮通过炮声来传达警报，在清代被广泛应用于京城的报警系统

白塔山信炮

中。清军入关前，满族统治者在盛京以鼓为号，遇紧急情况击鼓集合。顺治元年，清军入关后，顺治帝下令在紫禁城北面的煤山安放信炮，用于传达警情。顺治十年（1653 年），顺治帝考虑到天下太平，重大警情减少，下令将信炮移到紫禁城西北角的北海白塔山上，在白塔山上安放信炮五门，立旗杆五根，如遇紧急情况，放炮为号。京城内九门（朝阳门、崇文门、正阳门、宣武门、阜成门、德胜门、安定门、东直门、西直门）也各有信炮五门，白天挂黄旗，晚上悬灯笼，随时待命。一旦白塔山放炮，内九门随之放炮，发出警报。紫禁城的护卫人员按以下规定集合听令：不值班的大臣和侍卫率领本旗亲军营兵，镶黄旗在东华门外集合，正黄旗在西华门外集合，正白旗在神午门外集合；内务府参领、佐领率兵在神武门外集合，都统、前锋护军统领在午门外集合，各王公门上章京、护军等在府门听候传唤。据《白塔信炮章程》记载，信炮最初由八旗都统管辖，乾隆八年（1743 年）改由步军统领管理，并设有总管一人、信炮官八人、领催四人、炮手八人、步兵十六人。

石别拉

石别拉是满语，意为石海哨，是清代警报系统的一部分。石别拉巧妙利用紫禁城内大量使用的栏板望柱头改造而成，主要选用莲瓣形

石别拉

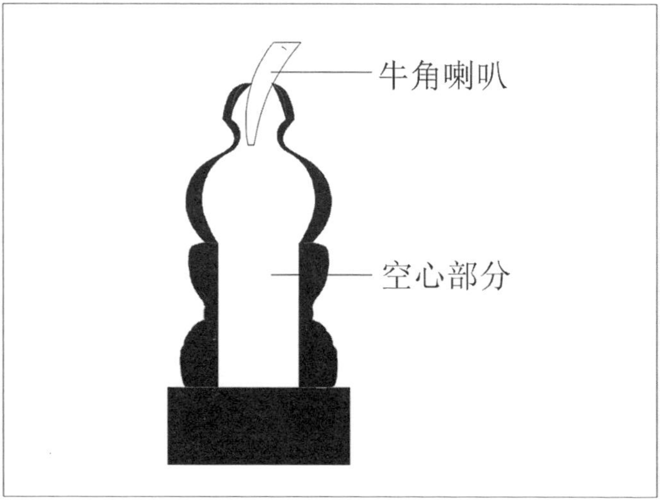

石别拉结构及使用示意图

状的望柱头。望柱俗称栏杆柱，是我国古代建筑和桥梁栏板之间的短柱。普通莲瓣望柱头是实心的，而清代工匠将其内部挖空，制成类似空心葫芦的结构。据史料记载，顺治帝命侍卫府在外朝、内廷各门安装石别拉，分多围布置：乾清宫、坤宁宫、宁寿宫、慈宁宫为内围；神武门、东华门、西华门为外围；乾清门、景运门、隆宗门为前围；三大殿、协和门、熙和门为后围。遇外敌入侵、战事警报或火灾时，护卫人员将约十厘米长的小铜角（一种牛角状的喇叭）插入石孔内使劲吹响，石别拉便会发出浑厚嘹亮的螺声警报，声音传遍整个紫禁城。听到警报后，宫中人员立刻备好武器，在指定地点集合并开展防御行动。石别拉在建筑学上也独具特色。它巧妙地利用栏板望柱头作为警报装置，兼有观赏和实用功能。一方面，望柱头的形状和纹饰未变，起到了很好的装饰作用；另一方面，通过开孔改造，使其具备警报器的功能。历经数百年，部分石别拉的孔洞被泥土堵塞或被替换成实心的望柱头，如今故宫内的石别拉已不多见，但它们无疑是紫禁城建筑艺术与建筑智慧相结合的典范。

明清时期，紫禁城主要通过上述四种方法传递火灾等警情，确保突发事件得到及时处理。1914 年 5 月，武英殿内的古物陈列所开通了第一部电话，此后，故宫内的警情多通过电话传递。

唧筒

麻搭

第六章

余论

本书以紫禁城古建筑为核心，深入探讨了明清时期紫禁城的主要火灾事件，并从防火管理、防火信仰、防火智慧等多个维度进行解读。

明清紫禁城火灾史鉴

明代紫禁城火灾频发

明代紫禁城火灾频发，且破坏严重。明代皇宫及周边区域的主要火灾事件包括明永乐十三年的午门火灾、正德九年的乾清宫火灾，以及嘉靖二十六年的大高玄殿火灾。此外，前朝三大殿多次被焚毁。

紫禁城最早的火灾是明永乐十三年的午门火灾，起因与元宵节的鳌山灯会密切相关。由于观灯人数众多，火灾导致大量人员伤亡，甚至负责救火的都督同知马旺也在火灾中丧生。此次火灾的教训在于必须制定有效的应急预案并具备足够的扑救能力。

正德九年正月十六日，正德帝贮藏在乾清宫内的烟花，不慎引发火灾，导致乾清宫和坤宁宫被焚毁。乾清宫和坤宁宫于正德九年十二月重建。正德十六年十一月，乾清宫复建完工。嘉靖元年九月，坤宁宫复建完工。

嘉靖二十六年十一月，紫禁城外西北侧的大高玄殿失火。火灾起因是道士焚香不慎。嘉靖帝虽被救至安全地带，却下令不救被困的方皇后，导致方皇后因火灾受伤而去世。

紫禁城前朝三大殿奉天殿、华盖殿和谨身殿在明代历经了四次火灾。

永乐十九年四月，奉天殿因雷击失火，火势很快蔓延到华盖殿和谨身殿，三大殿首次被毁。正统六年九月，三大殿复建完工，建筑体量和间距基本与初建时期相同。嘉靖三十六年四月，三大殿再次因雷击失火被毁。嘉靖四十一年九月，三大殿重建完成，体量仍不变。万历二十五年六月，三大殿第三次因雷击失火，天启帝下令缩小三大殿的尺寸。三大殿复建完工后，基本形成我们今天看到的三大殿的体量和间距。崇祯十七年四月李自成攻入北京，一场大火在紫禁城内燃起，许多建筑被付之一炬，但建极殿得以幸存。

不难发现，明代紫禁城火灾的成因多源于雷击和人为失误，当时并无专业的灭火队伍，缺乏针对庞大宫殿建筑的先进灭火工具，因而火灾频发。但宫中对于防火工作仍颇为重视，据吕毖在《明宫史》中记载：“凡遇冬寒，宫中各铜缸木桶，该内官监添水奏安铁笪其中，每日添炭，以防冰冻。”这表明，为确保冬季水源充足且不受冰冻影响，宫中采取了在水缸和水桶中加装铁架并每日添炭的措施。

清代、民国时期火灾减少

清代紫禁城的火灾次数较明代有所减少，其中康熙十八年太和殿火灾、嘉庆二年乾清宫火灾、光绪十四年太和门火灾，以及民国十二年建福宫火灾，均为宫中典型的火灾事件。

康熙十八年的太和殿火灾由六名太监在御膳房用火不慎引起。康熙帝震怒之下，下令严厉惩处这六名太监。康熙三十四年，太和殿复建工程启动，工匠梁九担任工程负责人。梁九将太和殿的开间数由九间扩展为十一间，并精心制作了太和殿模型以指导施工。他节俭务实，将太和殿两边的斜廊改为防火卡墙。康熙三十六年七月，太和殿复建工程顺利完工。

嘉庆二年十月二十一日晚，乾清宫突然失火，火势迅猛，蔓延至交泰殿，并熏黑了坤宁宫的屋檐。经调查发现，太监郝士通将未完全熄灭的木炭放在乾清宫东穿堂的楠木格旁，这一疏忽引发了大火。太上皇乾隆深感自责，认为自己负有主要责任。他下令将主犯郝士通的刑罚由绞刑改为"应绞监候秋后处决"，对其他失职人员的处罚相对较轻。嘉庆二年十一月二十八日，乾清宫和交泰殿重建工程正式启动。嘉庆三年十月初十，复建工程完工。

光绪十四年十二月十五日夜间，贞度门着火，其主要原因是人为的疏忽和失误。光绪二十年四月，太和门复建工程完工，它成为紫禁城里最为"年轻"的古建筑。

值得一提的是，清代还曾发生过极为严重的火灾。道光二十五年五月二十二日，位于东六宫的延禧宫突发大火，烧毁房屋二十五间。据责任太监马庭贵、龚德林和刘国柱的口供，火灾起因是南间厨房的炉灶引燃了护墙板。此后，延禧宫的院落沦为废墟，直至光绪三十四年（1908 年）灵沼轩的建造才让这片区域重焕生机。

民国时期最为严重的火灾，当属民国十二年的建福宫火灾。溥仪和庄士敦均认为：这场火灾是太监蓄意纵火所致。直至 2006 年 5 月，建福宫复建工程才告竣工。

明清帝王重视防火

明清两代帝王对防火极为重视，采取了多种防火管理措施。

明代中早期，宫中值房禁止做饭，以防止厨房用火诱发火灾。然而随着时间的推移，此项管理规定有所松弛。清康熙十八年太和殿发生火灾，经调查发现，火灾由御膳房的太监生火做饭时引起。康熙帝震怒之下，下令将失职太监处以绞刑。雍正时期，雍正帝虽然并不反对宫中人员在值房生火做饭，但他要求封死易诱发火灾的后檐墙，从而避免火势蔓延。

明清时期，宫中设有专门的夜巡太监，他们肩负着巡查火灾隐患的职责。一旦发现火情，夜巡太监会立即报警，通知相关人员迅速做好灭火准备。失职的太监会受到严厉的惩罚。这种夜巡制度对宫中防火起到了一定的积极作用。宫中的钦安殿在历史上几乎没有遭受过火灾，这与建筑管理人员采取的有效防火措施密切相关。

明嘉靖年间，大高玄殿发生火灾。嘉靖帝在火场中似乎听到有声音呼喊杨爵、刘魁、周怡三人是忠臣，于是下令释放了他们。这一举动显示了嘉靖帝对火神的敬畏之心。乾隆二十八年五月初五,九州清晏发生火灾。乾隆帝严厉处罚了不尽职的果亲王弘瞻，将其贬为贝勒，以此表明他对防火工作的高度重视和对失职人员绝不姑息的决心。

明代的火灾惩罚制度堪称严苛。万历元年（1573 年），慈宁宫后舍着火。这场火灾由老宫女张秋菊用火不慎引起，皇太后念及她是先帝留下的宫女，本拟从轻发落，处以五十鞭刑。但万历帝却认为处罚过轻，要求加重惩处。明末清初的史学家谈迁在《国榷》中记载：“圣母欲笞之五十，朕曰：‘杖三十，下安乐堂矣。’”最终，张秋菊被杖责三十下后，送往安乐堂服劳役。

禁烟管理是宫中防火的重要举措之一。烟草在明朝中后期传入我国，并逐渐进入宫廷。宫中历史上多次发生火灾，其中不乏因吸烟引发的惨剧。顺治六年六月乙未，两名妇女坐在天安门外的金水桥上吸烟，不慎引燃宫中房屋。顺治帝高度重视宫中禁烟，以立法形式明令禁烟。康熙、乾隆等帝也延续了宫中禁烟的政令。慈禧要求宫中不得吸烟，但自己却公然违反禁令。

嘉庆年间，宫中因吸烟引发的火灾不在少数。嘉庆六年（1801年）二月二十二日卯初，后左门起火，经查明是护军吸烟所致；嘉庆十六年（1811年）六月初十卯刻，武英殿后一板房着火，起火原因是一匠人吸烟。嘉庆帝的继承人道光帝也吸烟。清代吴振棫在《养吉斋余录》卷三中记载了道光帝当皇子时对吸烟的评价：“顿觉心神清朗，耳目怡然，昔人谓酒有全德，我今称烟曰如意。”

紫禁城的消防队是专门负责灭火和防火管理的力量。在明代，紫禁城内尚未设置专职的消防机构，灭火任务主要由禁卫军承担。顺治初年，八旗火班设立，共设有八处，每处均有满、汉、蒙三旗官兵值守，人数约九十人；一旦某处失火，一半官兵立即奔赴火场灭火，另一半则原地待命，随时准备支援。雍正五年，宫中设立防范火班，在紧急情况下，值班的护军统领、司钥长等官员会从左翼门等二十三处护军中，每处调派两人，共计四十六人，协同内府值班人员迅速前往事发地点进行扑救。雍正十年，宫中在八旗火班的基础上，增设激桶八处，进一步增强了灭火能力。乾隆时期，八旗火班的人员配置进行了调整，消防管理得到加强，并增设了队部。嘉庆十九年，宫中设立火班章程，对宫内和圆明园内火班官兵的救火职责进行了详细划分。光绪年间，宫中设立消防队，隶属警政司。光绪三十二年，京师警察厅派遣消防队驻扎于紫禁城内，负责其消防安全，直至 1925 年故宫博物院成立。

紫禁城防火的信仰体系与科学智慧

紫禁城古建筑的防火信仰

紫禁城古建筑借助螭吻、游龙、海马、行什等异兽来“防”火，以藻井、水生植物来“镇”火，通过不带钩的门字写法、不猎熊的禁忌来避讳火灾，同时运用五行中北为水、金生水、水克火的古代哲学思想来“克”火，这些做法共同构成了紫禁城古建筑的防火信仰体系。

紫禁城古建筑正脊两端的螭吻，其起源可追溯至西汉时期，其造型源于海中大鱼，被认为置于屋顶，可以起到镇火的作用，其造型特征从鸱尾到鸱吻，再到螭吻，不断演变。

游龙与海马的造型见于文渊阁的建筑彩画。文渊阁为乾隆帝收藏《四库全书》的场所，其防火设计尤为精妙。龙在我国古代神话中专管司水布雨，具备灭火神力。在古代文献记载中，海马不仅能在水中疾行，且不惧水火，其驮书的形象更是被认为有利于避火。

行什仅见于太和殿屋脊，其造型与雷神密切相关。太和殿在历史上多次因遭受雷击而被焚毁，梁九在组织复建时，在屋脊上增设了行什造型，主要目的便是防雷。

藻井作为紫禁城古建筑室内装饰的重要元素，自汉代起就被古人视为防火的镇物。藻井的造型类似东井，古人在其上绘制了水草图案。古人认为，无论是东井的水意还是水草的润泽，均能产生“厌火”的效果，从而起到防火作用。

南宋时期，临安城内的玉牒殿失火事件，使得古人对门字带钩的写法产生了避讳心理。古人认为门字带钩，会勾起火灾，因此在书写门字时，特意略去笔画“钩”。午门、太和门、乾清门、神武门等建筑匾额上的门字，均采用了这种无钩写法。

熊的字形里包含了“能火”，于是熊这种动物被古人视为火患的象征。明代宫廷很少有猎熊行为，古人认为熊出没与皇宫火灾存在一定的必然联系，一旦发现熊的出没，便要采取防火措施。

在我国古代五行相生相克的哲学思想中，北为水、金生水、水克火的理念深入人心。紫禁城的建筑布局巧妙地与之呼应。位于紫禁城中轴线北部的钦安殿，供奉着道教中的水神真武大帝。紫禁城部分宫殿的前面摆放着铜缸或铁缸，缸内均存有水，用于灭火，而铜、铁均为金属，体现了金生水的理念。文渊阁的瓦顶采用了黑色的琉璃瓦，黑色寓意水，古人认为黑色的瓦顶有利于防火。

尽管这些防火信仰在现代科学看来并无实际价值，但对研究我国古代消防史及消防文化而言，却有着重要的参考价值。从文化遗存和文化信仰的角度而言，这些做法是积极的，是值得包容的。

紫禁城古建筑的防火智慧

紫禁城古建筑的传统防火措施蕴含着丰富的智慧和实用价值。其科学的防火方法主要包括利用内金水河、铜缸或铁缸里的水灭火，建造砖墙和石头房来隔绝火势，以及采用具有机械力的唧筒和水龙作为灭火工具。

内金水河以其弯曲的走向充分贴近部分宫殿建筑，确保在火灾发生时能够迅速提供充足的消防水源。紫禁城历史上的多次火灾扑救，都得益于内金水河的水源保障。

紫禁城的中轴线和部分内廷区域，分布着数量可观的铜缸或铁缸。这些区域距离内金水河较远，周边缺乏井亭等水源设施，因此设立铜缸或铁缸便显得尤为必要。这些水缸能够存储大量的消防用水，为及时扑救火灾提供了有力支持。

宫内各处的隔断墙、院墙、封后檐墙、硬山山墙均具有防火作用。这些墙体或是在火灾后新建，或是基于古人的防火智慧而预先规划。以砖或石为主要建筑材料的墙体，具有良好的隔火性能。

以皇史宬为代表的石质建筑，堪称紫禁城建筑群中的防火典范。其整体以石材构筑，外观造型由石材雕刻而成，与周边木质建筑和谐相融，毫无突兀之感。对于建筑本身而言，石材的使用有效降低了火灾风险。

唧筒和水龙是古代紫禁城重要的机械防火工具。相较于传统的云梯、钩子、水桶等工具，它们具有更好的灭火效果。唧筒的构造与现代儿童的水枪颇为相似，将其置于水桶中，通过手动前后推拉筒中的活塞，使其往复运动，能够实现持续的吸水和喷水功能。唧筒的优点是便于携带，单人即可轻松操作。水龙则是在清代中期才开始出现的，由若干存水铜缸、吸水铜缸通过活塞组合而成，借助人力杠杆原理，产生较大的水压，用于高效灭火。与唧筒相比，水龙在便利性、科学性及机械化程度上都更胜一筹，堪称清代紫禁城里先进的灭火利器。

综上所述，故宫的古代消防文化内涵丰富。明清时期的火灾经历，为今天古建筑的防火工作提供了宝贵的借鉴和启示。故宫的消防文化，是故宫宫廷文化的重要组成部分，也是我国古代消防文化中的重要内容。这些古代防火智慧，依然值得今人传承和发扬，以更好地保护故宫这一人类文化遗产，真正做到防患于未“燃”。

附录一

明清时期的主要火灾

明清时期，紫禁城内共发生火灾至少五十九起。火灾的主要原因可以归纳为人为疏忽、雷击起火、故意纵火三种。以下是主要火灾的简要记录。

明永乐十三年（1415年）正月壬子，“北京午门灾”。[1]

明永乐十九年（1421年）四月庚子，“奉天、华盖、谨身三殿灾”。[2]

明永乐二十年（1422年）闰十二月戊寅夜，“乾清宫灾”。[3]

明正统十年（1445年）十一月丁酉，“看花匠不戒于火，延焚御花房二所”。[4]

明天顺元年（1457年）七月丙寅夜，“承天门灾”。[5]

明成化十一年（1475年）四月乙未，“上告奉先殿曰：兹者弗戒

1 《明史》卷二十九。

2 《昭代典则》卷十三。

3 《明史》卷十。

4 《大明英宗睿皇帝实录》卷一百三十五。

5 《大明英宗睿皇帝实录》卷二百八十。

于火，致乾清宫门被灾”。[1]

明弘治十一年（1498 年）十月十一夜，“清宁宫灾”。[2]

明正德九年（1514 年）正月庚辰，“乾清宫火”。[3]

明正德十二年（1517 年）正月甲辰，“清宁宫小房火”。[4]

明正德十六年（1521 年）五月，“日精门灾”。[5]

明嘉靖元年（1522 年）正月，“清宁宫后三小宫灾”。[6]

明嘉靖四年（1525 年）三月壬午夜，“仁寿宫灾”。[7]

明嘉靖八年（1529 年）十月，“乾清宫内西七所房灾”。[8]

明嘉靖十年（1531 年）正月辛亥，“大内东偏火”。[9]

明嘉靖二十六年（1547 年）十一月乙未，“宫中火，中官请救后，帝不应，后遂崩”。[10]

明嘉靖三十六年（1557 年）四月丙申，“奉天等殿门灾。是日申刻，雷雨大作。至戌刻，火光骤起，初由奉天殿延烧华盖、谨身二殿，文武二楼、左顺、右顺、午门及午门外左右廊尽毁。至次日辰刻，始熄”。[11]

明嘉靖四十四年（1565 年）三月己亥夜，“大明门内西千步廊火”。[12]

1 《大明宪宗纯皇帝实录》卷十四。
2 《马端肃奏议》卷八。
3 《明史》卷二十九。
4 《明史稿》卷二十四。
5 《大明世宗肃皇帝实录》卷二。
6 《大明世宗肃皇帝实录》卷十。
7 《明史》卷二十九。
8 《大明世宗肃皇帝实录》卷一百六。
9 《大明世宗肃皇帝实录》卷一百二十一。
10 《大明世宗肃皇帝实录》卷一百七。
11 《大明世宗肃皇帝实录》卷四百四十六。
12 《明史》卷三十九。

明隆庆六年（1572年）十月庚午，“慈庆宫后西连房火”。[1]

明万历元年（1573年）十一月己亥，“慈宁宫后舍火”。[2]

明万历五年（1577年）十月丙申，“禁中火仓下连房灾”。[3]

明万历十一年（1583年）十二月庚午，“夜一更，慈宁宫火”。[4]

明万历十二年（1584年）二月乙酉，“无逸殿灾”。[5]

明万历二十二年（1594年）六月己酉，“大雷雨火，灾西华门楼”。[6]

明万历二十四年（1596年）三月乙亥，“戌刻，火发坤宁宫，延及乾清宫，一时俱烬”。[7]

明万历二十五年（1597年）六月戊寅，“三殿灾”。[8]

明万历二十七年（1599年）十一月壬申，“内府火，延烧尚宝司、印绶监、工部廊，至银作局山墙而止”。[9]

明万历三十五年（1607年）二月甲寅，“西朝房火”。[10]

明万历三十九年（1611年）四月戊子，“怡神殿灾”。[11]

明万历四十四年（1616年）十一月己巳夜，“隆德殿灾”。[12]

1 《大明神宗显皇帝实录》卷六。
2 《续文献通考》卷二百十七。
3 《大明神宗显皇帝实录》卷六十八。
4 《大明神宗显皇帝实录》卷一百四十四。
5 《大明神宗显皇帝实录》卷一百四十六。
6 《大明神宗显皇帝实录》卷二百七十四。
7 《大明神宗显皇帝实录》卷二百九十五。
8 《大明神宗显皇帝实录》卷三百十一。
9 《续文献通考》卷二百十七。
10 《大明神宗显皇帝实录》卷四百三十。
11 《大明神宗显皇帝实录》卷四百八十二。
12 《大明神宗显皇帝实录》卷五百五十一。

明万历四十四年（1616年）十一月丁亥，“南城延禧宫灾”。[1]

明万历四十五年（1617年）正月壬午，“东朝房失火，户科等衙门朝房被焚五间，延及公生门，尽为烧毁”。[2]

明万历四十六年（1618年）闰四月甲申，“暖阁厂膳房火，延正方及东西廊房”。[3]

明泰昌元年（1620年）十月丁卯，“哕鸾宫灾”。[4]

明天启四年（1624年），“六科廊灾”。[5]

明崇祯十六年（1643年）六月二十三日立秋，“是夜大雷雨，奉先殿内满殿皆火，自殿东而上，击坏兽吻”。[6]

明崇祯十七年（1644年），李自成入京，四月十九日夜，“是夕，焚宫殿及九门城楼”。[7]

清顺治六年（1649年）六月乙未，“有拜禅妻及广泰家女子赖氏，放鹅于金水桥前，坐红衣炮绳堆上吃烟遗火”。[8]

清康熙十八年（1679年）十二月甲子，“太和殿灾”。[9]

清乾隆二十三年（1758年）四月二十八日午时，“皮库失火延烧

1 《明史》卷二十九。
2 《大明神宗显皇帝实录》卷五百五十三。
3 《大明神宗显皇帝实录》卷五百六十九。
4 《大明熹宗哲皇帝实录》卷二。
5 《明宫史》卷一。
6 《春明梦余录》卷十八。
7 《明史》卷三百九。
8 《大清世祖章皇帝实录》卷四十四。
9 《大清圣祖仁皇帝实录》卷八十七。

至贞度门、衣服库、熙和门，共烧毁房屋四十一间”。[1]

清乾隆四十七年（1782年）十一月十二日，“侍卫等值房失火”。[2]

清乾隆四十八年（1783年）六月癸亥，“体仁阁灾”。[3]

清乾隆五十五年（1790年）五月十一日寅刻，“西华门内清茶房、外果房失火，延烧房屋，所贮乐器经卷多被焚毁”。[4]

清嘉庆二年（1797年）十月二十一日，“乾清宫、交泰殿灾”。[5]

清嘉庆六年（1801年）二月二十二日卯初，后左门着火。[6]

清嘉庆十六年（1811年）六月初十卯刻，武英殿后板房着火。[7]

清嘉庆二十四年（1819年）十月十九日，“文颖馆不戒于火”。[8]

清道光二年（1822年）四月二十三日，“内阁御书处弗戒于火”。[9]

清道光二年（1822年）九月二十七日，“运料门被火”。[10]

清道光二年（1822年）十二月二十四日亥刻，“内阁汉票签处不戒于火”。[11]

清道光二十五年（1845年）五月二十二日亥初，“延禧宫不戒于火，由东西配殿起火，延烧正殿五间，东西配殿六间，后殿五间，东西配

1 中国第一历史档案馆馆藏档案《总管内务府事务和硕庄亲王允禄等奏为皮库失火延烧将员外郎佟昇等治罪事》，长编61130。

2 《清高宗起居注》卷三十二。

3 《大清高宗纯皇帝实录》卷一千一百八十二。

4 《大清高宗纯皇帝实录》卷一千三百五十四。

5 《大清高宗纯皇帝实录》卷一千四百九十七。

6 奏案05-0487-075。

7 奏案05-0554-096。

8 《大清仁宗睿皇帝实录》卷三百六十三。

9 《大清宣宗成皇帝实录》卷三十四。

10 《大清宣宗成皇帝实录》卷四十二。

11 《大清宣宗成皇帝实录》卷四十七。

殿六间，东水房三间，共烧房二十五间”。[1]

清道光三十年（1850年），延禧宫火灾，“延禧，嘉庆七年修，道光三十年灾，咸丰五年又灾，重修”。[2]

清咸丰五年（1855年），延禧宫火灾。[3]

清咸丰八年（1858年）二月，御花园“亭西边水房不戒于火，延烧千秋亭一座及西水房数间”。[4]

清同治六年（1867年）十一月丁卯未刻，“敬事房下司房不戒于火”。[5]

清同治八年（1869年）六月辛酉，“武英殿不戒于火”。[6]

清同治九年（1870年）正月癸未寅刻，“神武门内敬事房木库不戒于火”。[7]

清光绪十四年（1888年）十二月十五日夜，“贞度门不戒于火，延烧太和门及库房等处。经王大臣等督率官员弁兵扑救，止熄”。[8]

清光绪二十三年（1897年）九月初五，“御药房火灾”。[9]

清光绪二十七年（1901年）十八日夜，“武英殿灾”。[10]

1 章乃炜等：《清宫述闻》。
2 章乃炜等：《清宫述闻》。
3 章乃炜等：《清宫述闻》。
4 章乃炜等：《清宫述闻》。
5 《大清穆宗毅皇帝实录》卷二十七。
6 《大清穆宗毅皇帝实录》卷二百六十一。
7 《大清穆宗毅皇帝实录》卷二百七十五。
8 《大清德宗景皇帝实录》卷二百六十三。
9 《大清德宗景皇帝实录》卷四百一十。
10 华学澜：《辛丑日记》。

附录二

故宫博物院日常工作中的消防指南

故宫的古建筑以木结构为主，因其易燃性在历史上多次遭受火灾的侵袭。无论是过去还是现在，防火工作始终是故宫极其重要的事项。故宫的日常工作中，有着一套极其丰富且完善的消防指南。

入职进行消防培训

我于2003年8月进入故宫工作，成为一名古建筑保护人员。进宫的第一周，我与其他新入职的同事一起，在慈宁宫的一个配殿里，参加了单位组织的消防培训。培训内容涵盖了诸多方面：了解故宫古建筑木材的易燃性特点，严格遵守院内严禁私拉电线、严禁违规使用电器、严禁携带易燃易爆物品进院、严禁吸烟等防火规定，掌握发现火情的报警方法，初步掌握火灾的扑救方法，学会使用常见的灭火器具等。所有培训人员在培训后要参加考试，合格者方可回到本部门工作。单位每年新入职的员工都要接受这样的消防培训。每次与朋友聊天时，我都会半开玩笑地说："故宫博物院的每位职工都是消防员。"

2022年新入职员工的培训资料显示：在人事处的精心组织下，保卫处、行政处、消防处等安全职能部门携手合作，共同为当年入职的三十名新员工开展了一场消防及安防培训。新员工们不仅学习了防火、内保、安全用电、交通安全等知识，还掌握了单位新版消防管理制度的精髓。在加强理论培训的同时，消防处还会同单位特勤站的消防队员，详细演示了灭火器、消防栓及应急逃生的操作流程，让新员工们在实操实训中掌握这些技能。随后，全体参训人员参加了应急处置技能考核，并全都顺利地通过了考核。

每年签订消防责任书

每年年初，单位一项极为重要的工作，便是与每位职工签订《消防安全责任书》。院领导与部门一把手签订责任书，部门一把手与部门员工签订责任书。《消防安全责任书》的具体内容涵盖了严格遵守院里的消防管理规定，扎实做好本岗位的消防安全工作，严格遵循《故

拉闸断电

大门落锁

宫博物院禁止吸烟规定》，对入院的机动车做好防火管理，杜绝私自接拉电线、拆改电器、使用个人电器等违规行为，以及养成人走关灯、下班断电的良好习惯等。责任书一式三份，消防处留存一份，部门留存一份，本人留存一份。而我所在的部门，为确保万无一失，部门形成了一个传统：下班断电、落锁后，员工会把相关照片发到部门工作群里。

据 2022 年初的统计，全院共签订责任书 1880 份，其中院长与分管院领导签订的有八份，院领导与部处主要负责人签订的有 41 份，部处主要负责人与所属职工签订的有 1824 份；此外单位还与驻院外单位签订了七份责任书。

每年对驻院外单位进行消防培训动员

在故宫，除了本单位员工之外，还有众多外单位人员，包括施工人员、商户、物业管理人员、保安等。院里高度重视对他们的消防培训，以确保故宫这片古建筑群的消防安全。每年年初，消防处都会组织针对外单位人员的消防培训活动，重申防火工作的重要性，确保不出现任何安全隐患。2022 年 3 月 1 日下午，来自上述外单位及甲方管理单位的负责人 158 人，在单位报告厅内共同接受了培训动员。消防处负责人要求所有驻院外

水龙带操作要点讲解

接水龙带前

接水龙带中

水龙带与消防栓连接

对“着火点”灭火

单位明确责任主体，明确责任个人，明确任务目标，确保人人有责、人人守则、人人尽责。消防处的同事围绕用火用电安全管理、巡查检查制度落实、禁烟控火等规定，给在场人员讲解院内消防的各项要求。天安门消防救援支队的消防人员结合近年来的典型案例，以图文并茂的形式，给大家讲解防火、用电、文物保护等方面的安全知识。培训动员大会时刻提醒着大家要对单位防火工作做到防微杜渐，警钟长鸣。

在消防培训现场，消防人员为新入职的保安们进行了专业指导。他们详细讲解了水龙带接头使用的操作要点，组织保安们进行实际的操作训练，包括训练水龙带与阀门的连接、对“着火点”进行灭火等。

禁烟管理

故宫的参观者严禁携带打火机入内。如有携带打火机的公众，需在午门安检口将其妥善放置于指定的区域。这些打火机将由故宫安保人员负责运送至故宫出口外，待参观结束后，公众可在此处领取。此管理措施源自故宫博物院于2013年制定的禁烟管理规定。

吸烟是古建筑火灾的重大隐患，故宫博物院的禁烟历程也经历了从局部到全面的逐步推进过程。1986年，故宫博物院发布《关于在故宫院内禁止吸烟的规定》，明确指出“故宫院内严禁烟火。本院职工、驻院外单位工作人员及来院办事的有关人员，只准在办公室、会议室或指定吸烟室内吸烟”。1996年，故宫博物院发布《故宫博物院禁止吸烟规定》，将午门、东华门、西华门、神武门以内所有的室外区域列为禁烟区，同时，医务室、会议室、广播室、配电室、文物修复处等多处场所，以及红墙以内的所有室内外区域均全面禁止吸烟。2008年，故宫博物院发布《故宫博物院控烟暂行规定》，将吸烟范围严格限制在专设的吸烟室内，并要求吸烟者与院方签订《吸烟者承诺书》。2013年5月15日，故宫博物院发布《关于我院自5月18日起实行全面禁烟的通知》，并于5月18日国际博物馆日向全社会郑重宣布："故宫博物院自即日开始全面禁烟，内部人员禁止在故宫院内任何场所吸烟，参观游客在安检环节，将打火机留在院外。"如今故宫博物院全面禁烟规定已实施十年有余，效果显著。

开放区域的消防演习

故宫博物院的开放区域，多为不可移动文物（古建筑）及在陈文物（藏品）的"双文物"集中展示地，同时又承担着接待游客参观的

太和殿消防演习

重要职责，防火责任重大。院里高度重视开放区域建筑的防火工作，并定期开展消防演练。2016年10月10日，正值故宫博物院九十一岁生日之际，一场大规模的消防演习在这里举行，五百人同时参与。此次演习模拟了太和殿因“雷击”失火的紧急场景，值班人员通过视频监控第一时间发现火情，立刻拨打119火警电话报警。现场的开放管理处工作人员立刻组织观众有序疏散，在疏散过程中发现有人员被困，安全受到严重威胁，工作人员立刻通知消防处值班员前来救援。院内的微型消防站、应急小分队和三支志愿消防队人员迅速响应，第一时间赶到了火灾发生地点，按照应急预案全力扑救初起火灾。与此同时，公安消防官兵、驻院武警中队和派出所人员也迅速到位，对太和殿区域设置警戒线，划定警戒区域。转眼间，消防队员们已将水带铺设完毕，随着指挥员一声令下，两台高压水炮几乎同时出水，云梯车、消防机器人也同步出动，对太和殿“起火”部位展开精准扑救，对抢救出的文物实行严密保护，禁止无关人员进入。120医务急救人员也迅速赶赴现场，对受伤人员进行紧急救治，并及时将伤者送往医院。演习全程持续近一个小时，取得了良好的效果。

施工区域的消防演习

故宫古建筑在进行保护性维修时，偶尔会使用一些存在火灾隐患的施工材料或设备，因此施工现场的防火管理至关重要。故宫博物院每年都会进行施工现场的消防演习。例如，2022年9月29日上午9点，消防处与工程管理处联合在大高玄殿开展了一场消防演习。演习开始，大殿值守人员在日常巡逻过程中突然发现大高玄殿“起火”。他们迅速反应，组成第一灭火力量，果断切断大殿区域电源，拿起灭火器对准“火源”进行了喷射。同时，他们第一时间呼叫增援并立刻向微型消防站报警。增援队伍迅速赶到现场，利用消防栓连接消防带，对“着火点”进行强力灭火，同时维护消防通道的畅通，等待消防队的到来。院内消防队接警后，迅速集结，二车六人赶赴火灾现场。到达现场后，两名消防队员利用背负式细水雾装置进行灭火，其余队员利用车载细水雾装置进行灭火。在全体人员的协同努力下，“火情”被及时扑灭，演习圆满结束。

消防运动会

故宫博物院组织的消防运动会是一项极具意义的活动。这场运动会一般每四年举行一次，每个部门都会精心挑选代表参加。比赛项目丰富多样，包括将灭火器对准乒乓球喷射、连接消防水带、穿戴防火服、佩戴呼吸器等实用技能。众多项目中，模拟起火后抢救藏品和文物的环节尤为引人注目。参赛者看到“火海”中文物正处于“危险”状态时，纷纷奋不顾身地“抢救文物”。比赛是激烈而有趣的，大家在比赛中增进了友谊，提升了文物防火保护的知识与技能。

故宫博物院里的每一个人员都深爱着故宫，尽自己最大的努力做好各项消防工作，坚决杜绝任何火灾隐患，用实际行动守护这座古老皇宫的安全与尊严。

消防运动会入场代表

连接消防水带比赛现场

“在故宫”丛书

玉见故宫：国宝玉器里的中华

徐琳 著

我在故宫画小画儿

陈乐 绘著

万仞宫阙：我在故宫的探索之旅

王子林 著

防患于未“燃”：故宫历史上的火灾与消防

周乾 著

嘉礼大婚：走近清代帝王婚礼（待出，暂定名）

任万平 著

食天下：清代宫廷饮食（待出）

苑洪琪 著

颠沛的国宝：故宫南迁文物寻踪（待出）

徐婉玲 著

从“总统府”到紫禁城（待出）

刘潞 著

故宫藏品中的时令风物（待出，暂定名）

谢菲 著

御药小识（待出）

杨舒佳 著